José Micaelson Lacerda Morais

A ÚLTIMA REVOLUÇÃO

crítica de economia política

Copyright © José Micaelson Lacerda Morais, 2020.

Revisão

Frabrisya Maria Saraiva Peixoto

Marciana Érika Lacerda Morais

Diagramação

José Micaelson Lacerda Morais

A última revolução: crítica de economia política / José Micaelson Lacerda Morais. Crato-CE: Independently Published, 2020.

1. Economia política 2. Adam Smith 3. Hegel 4. Marx 5. Meritocracia 6. Plutocracia 7. Capitalismo 8. Economia 9. História econômica 10. Pensamento econômico 11. Econocracia 12. Sociocracia 13. Desenvolvimento econômico.

Para Fabrisya,
Ayra Valentina
e José Athos.

ADVERTÊNCIA AO LEITOR

Este livro constitui um de três ensaios produzidos, entre os anos de 2020 e 2021, e publicados posteriormente em conjunto com o título de "Renda, Lutas de Classes e Revolução".

Sumário

1. Introdução 13

2. Smith: a teoria dos sentimentos morais e a riqueza das nações 23

3. Hegel: razão, liberdade e Estado 39

4. Marx: revolução e emancipação 45

5. A luta pela existência: sociedade *versus* natureza 55

6. Necessidades sociais iguais, rendimentos monetários iguais, independentemente da função social 77

7. Contra a meritocracia e a plutocracia 87

8. Referências 99

AGRADECIMENTOS

Este livro não poderia ter sido escrito sem o apoio dos meus pais. Eles me deram não só a vida, também me proporcionaram a oportunidade de educação e o sentimento de pertencimento social, necessários para tanto. Eles viveram suas vidas adultas, na segunda metade do século XX, em Mauriti, uma pequena cidade do interior cearense. Foi, ainda, um período no qual puderam desfrutar de uma certa autonomia pessoal e de um sentimento positivo de pertencimento social. Meu pai, Raimundo Elson, como marceneiro, pequeno produtor economicamente autônomo. Minha mãe, Maria do Carmo, professora e comerciante do ramo de confecções, seguia assim neste ramo, os passos do meu avô, Luís Rosendo. O pouco e incerto dinheiro da marcenaria (apesar do reconhecimento da habilidade especial de meu pai pela comunidade), e o também pouco, mas regular salário da minha mãe, forneciam a base do nosso sustento. Já o dinheiro do comércio nos possibilitou um certo poder de compra para acompanhar os benefícios exclusivistas capitalismo. Meus pais puderam adquirir casa, prédios próprios para a loja e a marcenaria, e mais um imóvel ou outro, tanto como fonte de renda extra quanto como garantia de algum rendimento seguro na velhice. Acima de tudo, propiciou a realização do desejo de minha mãe de "formar" seus filhos. Assim, tornou possível a minha saída, e depois de meus irmãos mais novos (Marciana Érika e Marciel Franklin), para um centro maior, a cidade de Crato (as condições econômicas não permitiam chegar em Fortaleza, capital e centro mais desenvolvido do Ceará). Crato já era reconhecido regionalmente por um elevado padrão de ensino. Contava com um colégio Diocesano e uma Faculdade de Filosofia, mais tarde transformada na Universidade Regional do Cariri (URCA).

Este livro também não poderia ter sido escrito sem a Universidade Regional do Cariri (URCA). Uma universidade estadual, interiorana, ainda muito jovem. Foi criada, em 1986, através de muita luta social, e que carregava (e ainda carrega) grandes esperanças para o desenvolvimento regional. O meu respeitoso agradecimento a todos os professores do Curso de Ciências Econômicas, hoje colegas de trabalho e amigos pessoais. Agradecimento e reconhecimento também para todos os funcionários administrativos passados e presentes. Gratidão e reconhecimento especial para os professores Alderico de Paula Damasceno (*in memoriam*), Flávio Mendonça Bezerra, Dilza Maria Rodrigues, Marcos Eliano Tavares, Ronald Albuquerque e Luiz Felisberto Nunes (*in memoriam*). Também, para minha querida amiga e colega, professora do Departamento de Geografia da URCA, Edith Meneses (*in memoriam*), pelo grande aprendizado e estima recíproca. Por quase dois anos nos encontramos regularmente para produção de um livro sobre seca no Nordeste.

Para os colegas professores que chegaram após o meu ingresso e para os funcionários do Departamento de Economia, meu amigo Gustavo, Antônio Correia (*in memoriam*), Gilvânia e Fátima Cabral.

Para o ex-aluno, hoje amigo e colega de Departamento, Francisco do O' de Lima Júnior. Por seu intermédio fui apresentado ao professor Fernando Macedo, do IE-Unicamp, que se tornou meu supervisor no pós-doutorado. Ambos se tornaram ao longo dessa jornada amigos da mais elevada estima.

Para o colega de trabalho e amigo Francisco Teixeira, pela leitura do material. A sua autoridade em Economia Política, de forma geral, e em Marx, de forma particular, forneceu-me suficiente segurança para tratar sobre o pensamento teórico em três seções desse livro. Todavia, discordamos sobre as conclusões apresentadas nas demais seções. De qualquer forma, assumo inteira responsabilidade ética, moral e intelectual, pelos eventuais erros, falhas e omissões cometidos no conjunto da obra.

Ouro? Fulvo, brilhante, precioso ouro? Não, deuses!
Eu não suplico em vão.
Um quanto dele faz do preto, branco, do feio, belo,
Do mau, bom, do velho, novo, do covarde, valente, do baixo,
nobre.

Ele atrai... o padre do altar;
Arranca ao semiconvalescente o travesseiro:
Sim, este escravo fulvo ata e desata
Vínculos sagrados; abençoa o maldito;
Torna a lepra amável, honra o ladrão,
E dá-lhe posição, genuflexão e influência
No conselho dos senadores; arranja
Noivo à viúva sobreanosa;
Àquela que peçonhentamente deita pus das feridas
E é mandada embora com repugnância do hospital
Rejuvenesce-a balsamicamente
Em juventude primaveril. Danado metal,
Oh, ordinária meretriz dos homens
Que ensandece os povos.
[...]
Que a tua força, enredando-os, os *aniquile* a todos
Para que de animais se torne a dominação deste mundo!
Shakespeare, Timon de Atenas.

Segundo os estoicos, o homem deve considerar-se não como algo separado e apartado, mas como cidadão do mundo, membro da vasta república da natureza. Pelo interesse dessa grande comunidade, deveria estar disposto, em todos os momentos, a sacrificar seu pequeno interesse particular. O que quer que diga respeito a si mesmo não deveria afetá-lo mais do que o que diz respeito a qualquer outra parte igualmente importante desse imenso sistema. Deveríamos nos ver, não sob a luz em que nossas próprias paixões egoístas tendem a nos colocar, mas sob a luz em que qualquer outro cidadão do mundo nos veria.
Adam Smith, Teoria dos Sentimentos Morais

> Quem me dera ao menos uma vez
> Ter de volta todo o ouro que entreguei a quem
> Conseguiu me convencer que era prova de amizade
> Se alguém levasse embora até o que eu não tinha.
> **Índios, Legião Urbana.**

1. Introdução

Este livro tem como ponto de partida e como ponto de chegada a razão. Tanto a razão em sua forma geral, como a razão iluminista, por exemplo, quanto em sua forma particular, no caso em apreço, a razão econômica. Acreditamos que a análise da razão, ao longo da história econômica do capitalismo, possa revelar se existe ou poderá existir solução para o seguinte dilema secular: por que a razão ainda não foi capaz de humanizar o nosso mundo? Nem a razão iluminista ou qualquer outra, desde então, foi capaz de eliminar a necessidade de luta pela existência em qualquer âmbito das interações sociais. Pelo contrário, serviu e serve, tão somente, para sofisticar e disfarçar tal luta, de forma que a nossa existência e reprodução, está mais associada as relações entre os seres vivos existentes na natureza que a um genuíno processo social. Na verdade, o dilema razão/humanização, se apresenta como um grande enigma, para o qual os grandes sistemas de pensamento, elaborados desde o Iluminismo até o presente, parecem ainda não ter encaminhado uma solução adequada. Pois, continuamos em um mundo de intensa exploração do trabalho social, de profundas desigualdades sociais, de relações sociais fundamentadas em dominação e dependência, em todos os níveis sociais e espaciais (local, regional, nacional e mundial), preconceitos e discriminações de todas as ordens e tons.

Nesta parte do livro analisamos três grandes sistemas de pensamento e suas implicações do ponto de vista do processo de humanização (sociabilidade/civilidade). Foram desenvolvidos, ainda nos séculos XVIII e XIX, por três gigantes do pensamento: Adam Smith com sua teoria dos sentimentos morais, do autointeresse e da mão invisível; Hegel, que embora filósofo contribuiu para o debate no campo da economia política e elaborou no seu sistema uma relação Estado/sociedade civil, na qual o primeiro aparece como panaceia para todos os males sociais; e Marx, com sua crítica do capital e a ideia de superação histórica do capitalismo pelo comunismo; forma final de emancipação humana. Gigantes que se debruçaram sobre a questão social, cada um a seu tempo, com seus próprios métodos, a partir de um conjunto de inquietações intelectuais, e em um contexto histórico também específico. Para além de suas diferentes visões de mundo buscavam um único objetivo: a humanização do ser social.

Até, então, um longo caminho foi percorrido para tornar a razão o instrumento predominante de entendimento da interação dinâmica entre natureza, homem e sociedade. Todavia, a ciência é um empreendimento de poucos e para poucos. Pois, a ciência é eivada de ideologias e, nesse sentido, também, se coloca como representante de círculos e grupos com determinados objetivos, para o bem ou para o mal. À ciência, ainda, compete com um conjunto de superstições e dogmas espirituais e de natureza religiosa, que embora possam trazer algum conforto sobre os sacrifícios da vida e da morte, justificaram e continuam a justificar ações humanamente terríveis em nome de uma divindade. Por último, mas não menos importante, a ciência serve aos interesses da classe dominante e do processo de acumulação de capital, ou seja, para além do progresso representa uma abundante fonte de privilégios.

O roteiro de discussão por nós seguido abarca um conjunto de questões estreitamente relacionadas aos desdobramentos do desenvolvimento histórico do capitalismo, tanto no plano concreto quanto no intelectual, e pode ser configurado a partir dos seguintes questionamentos: por que a doutrina do autointeresse não foi capaz de assegurar e garantir o benefício geral para toda a sociedade? Por que o Estado não foi capaz de resolver os antagonismos do capitalismo? Por que as diversas lutas de classes travadas ao longo do século XX não desembocaram na tão sonhada emancipação humana? E, por que, o comunismo do século XX também não foi capaz de humanização, no sentido de uma nova sociabilidade/civilidade, para além das contradições do capitalismo?

Antes de prosseguirmos se faz interessante analisar a etimologia da palavra humanização. Derivação de humanizar, acompanhado do sufixo *-ção*, com raiz em *humanus*, do latim. O sufixo *-izar*, proporciona um sentido de ação, a ação de humanizar. No dicionário podemos encontrar quatro sentidos para humanizar: 1) tornar-se humano; 2) tornar-se benévolo, ameno, tolerável; 3) tornar-se mais sociável, mais tratável, civilizar-se; e 4) amansar (animais), domar. Em nenhum desses significados vislumbram-se as implicações da luta pela existência no seio da sociedade. Somente o quarto sentido chama a atenção para a questão da dominação e da dependência, embora não trate diretamente da relação entre os seres humanos. A hipótese desenvolvida, ao longo desse do livro, é a de que a ideia e a ação de humanizar têm sido tratadas como uma questão meramente moral; quando deveriam ser tratadas como uma questão e uma ação, regida e orquestrada, sob os auspícios da luta pela existência. Isso, porque, sendo a moralidade na sociedade capitalista também uma forma de privilégio, ela não permite solução adequada para o dilema razão/humanização ou razão/emancipação. Na verdade, o papel do desenvolvimento da razão e da ciência tem sido o de proporcionar instrumentos e meios para perpetuar a luta entre os indivíduos, em qualquer nível de suas interações sociais, dada a intrínseca expansão desigual e combinada do capitalismo como modo de produção e de organização social (sociabilidade/civilidade).

O papel da razão e da ciência deveria caminhar no sentido de mostrar que a luta do ser humano não é contra ele mesmo, contra o outro, mas com, e pelo outro. Pois, se assim não o for, o sentido da razão não será diferente do sentido das interações que ocorrem entre os outros seres vivos na natureza. A única diferença entre a sociedade e a natureza seria que nesta a sobrevivência se realiza através da relação predador/presa, onde um ser vivo é sacrificado para a existência do outro. Na sociedade, todavia, a existência não acontece pela morte da presa, mas através da exploração do trabalho humano (social). A habilidade de trabalhar dos humanos torna o benefício da exploração do trabalho muito mais vantajoso para a existência e reprodução social. Então, humanizar deveria significar uma forma de superar a luta pela existência no seio da sociedade, ou seja, usar a razão para igualizar a condição social e humana, e não o contrário; como observado ao longo da história. Acreditamos que já dispomos de conhecimento suficiente, das condições e dos meios necessários para tal empreitada, talvez apenas esteja faltando "pensar" um pouco mais a respeito.

O século XVIII, foi um período histórico do tipo divisor de águas da sociedade humana, sintetizado por três grandes revoluções da razão: A Revolução Americana ou independência dos Estados Unidos (1776); a Revolução Francesa (1789); e a primeira fase da Revolução Industrial Inglesa (1780 a 1830/40). As grandes transformações que levaram o mundo a esse desenlace começaram ao longo do século XIII, com a revolução comercial. A esse respeito, não poderíamos deixar de considerar a importante obra de Goff (2015), que trata das ligações do dinheiro com essa revolução. Já, em meados do século XIV, na Europa, destacamos o Renascimento e seu movimento humanista, seguidos pela Reforma Protestante e a Revolução Científica, ambas datadas do século XVI. Por seu turno, no contexto histórico dessas grandes transformações, está a longa crise da economia e da sociedade europeia, durantes os séculos XIV e XV. Esta marca, por um lado, as dificuldades, os limites e o declínio do modo de produção feudal; e por outro, o surgimento do capitalismo, como novo modo de produção, e do capital, como nova relação social de produção.

O fundamento dessa nova sociedade, baseada no capital, é bastante simples, pois consiste em uma atividade humana que acompanhou o homem desde a antiguidade: a troca mercantil. Como demonstrou Marx, no livro I, de "O capital", as condições necessárias para o desenvolvimento da economia mercantil já estavam contidas na própria circulação simples de mercadorias. Entretanto, foi somente com a generalização das trocas e sua conversão em rendas monetárias que o capitalismo se estabeleceu. Estas, então, se encarregaram pelo incremento da produção de valores de troca (ao invés de valores de uso), do desenvolvimento da divisão social do trabalho e, consequentemente, do surgimento de novas mercadorias, novas especializações e novos mercados. Portanto, os pressupostos históricos do modo de produção capitalista são: 1) o desenvolvimento e a dominação do capital mercantil (dos quais são fenômenos fundamentais no seu desdobramento, a acumulação primitiva, a emergência do Estado absolutista e a expansão ultramarina); e 2) a transformação da força de trabalho em mercadoria - geradora, ao mesmo tempo, de valor e mais-valor, ou seja, de produção e excedente via exploração do próprio trabalho assalariado. Uma vez desenvolvido o capital mercantil, a necessidade interminável de acumulação, permitiu sua introdução e dominação na produção. Portanto, o capital mercantil se apresenta como etapa necessária ao surgimento do capital industrial e para a consolidação do capitalismo, como totalidade social dominante, a partir do final do século XVIII.

A troca mercantil pode parecer coisa simples, mas o significado, desdobramento e alcance da sua generalização são de outra natureza. Ressignifica os valores ao tornar o valor de troca predominante em relação ao valor de uso, desmaterializa o valor de troca e torna o dinheiro representante universal da riqueza. O poder de alienação desse último se iguala ao de uma divindade e se expressa de maneira cristalina na sua própria fetichização (fetiche do dinheiro), e na fetichização da mercadoria, como tão bem compreendera Marx. Ele também demostrou como passa a acontecer o processo de exploração do trabalho humano, via trabalho assalariado (via o homem "livre"), e a consequente concentração de riqueza nessa nova sociedade. Para tanto, comparou o processo de circulação com processo de produção. O primeiro, apenas revela a aparência do capitalismo, relacionada aos ideais humanistas dos iluministas de liberdade e igualdade. O segundo, a produção, esfera na qual é gerado o valor de todas as coisas, revela a essência do sistema de produção capitalista: a exploração do trabalhador assalariado através da expropriação do excedente de seu trabalho (diferença de valor entre o salário que recebe e o valor total de sua produção durante uma jornada de trabalho). Marx, demonstrou que a exploração do trabalho humano não só continua com o capitalismo, mas, também, como ela foi ampliada e sofisticada de forma jamais imaginada. A esse respeito, a citação seguinte, apesar de bastante longa, apresenta-se como uma síntese reveladora.

> A esfera da circulação ou da troca de mercadorias, em cujos limites se move a compra e a venda da força de trabalho, é, de fato, um verdadeiro Éden dos direitos inatos do homem. Ela é o reino exclusivo da liberdade, da igualdade, da propriedade e de Bentham. Liberdade, pois os compradores e vendedores de uma mercadoria, por exemplo, da força de trabalho, são movidos apenas por seu livre-arbítrio. Eles contratam como pessoas livres, dotadas de mesmos direitos. O contrato é o resultado, em que suas vontades recebem uma expressão legal comum a ambas as partes. Igualdade, pois eles se relacionam um com o outro apenas como possuidores de mercadorias e trocam equivalente por equivalente. Propriedade, pois cada um dispõe apenas do que é

seu. Bentham, pois cada um olha somente para si mesmo. A única força que os une e os põe em relação mútua é a de sua utilidade própria, de sua vantagem pessoal, de seus interesses privados. E é justamente porque cada um se preocupa apenas consigo mesmo e nenhum se preocupa com o outro que todos, em consequência de uma harmonia preestabelecida das coisas sob os auspícios de uma providência todo-astuciosa, realizam em conjunto a obra de sua vantagem mútua, da utilidade comum, do interesse geral [...]
Ao abandonarmos essa esfera da circulação simples ou da troca de mercadorias, de onde o livre-cambista *vulgaris* [vulgar] extrai noções, conceitos e parâmetros para julgar a sociedade do capital e do trabalho assalariado, já podemos perceber uma certa transformação, ao que parece, na fisionomia de nossas *dramatis personae* [personagens teatrais]. O antigo possuidor de dinheiro se apresenta agora como capitalista, e o possuidor de força de trabalho, como seu trabalhador. O primeiro, com um ar de importância, confiante e ávido por negócios; o segundo, tímido e hesitante, como alguém que trouxe sua própria pele ao mercado e, agora, não tem mais nada a esperar além da... esfola (MARX, 2017, p. 250-51).

A citação acima se faz importante por diversas razões. Primeiro, através dela demonstra-se que existe uma incongruência entre livre mercado e os ideais da Revolução Francesa, ou seja, entre capitalismo e humanização. Dessa forma, a riqueza de uma nação não é incompatível com a exploração do trabalho humano, muito pelo contrário, é pela própria exploração do trabalho, em diferentes contextos sociais e espaciais, que essa riqueza se realiza e se concentra em um contínuo de exploração e dependência. Em outras palavras, há incongruência entre o autointeresse da mão invisível de Smith e promoção do bem comum. O reino da liberdade, igualdade, propriedade e do utilitarismo, na sociabilidade capitalista, representa assim, tão somente, uma "ficção jurídica", ou seja, uma forma de ideologia com um poder de convencimento e de uma extensão maior do que qualquer religião já concebida. Em síntese, a razão proporcionada pelo Iluminismo, apesar dos seus ideais humanistas, representou nada mais que uma nova forma de dominação e exploração social para uma nova forma de sociabilidade, o capitalismo. Ao invés de eliminar a luta pela existência no interior da sociedade a colocou em um patamar extremamente sofisticado, o da própria razão.

Em segundo lugar, a citação de Marx, traz uma analogia fundamental para o que está sendo aqui analisado. Em sua última parte, ele faz uma analogia da sociedade com a natureza, a partir dos termos *pele* e *esfola*, quando compara o papel do capitalista e do trabalhador assalariado, já no processo produtivo. Essa analogia é mais poderosa do que geralmente aparenta. Através dela podemos vislumbrar que os sistemas de ideias e as práticas sociais, derivadas dos mesmos, não deram e não podem dar conta do dilema proposto no início dessa introdução. Ela pode até mesmo explicar porque as tentativas de implantação do comunismo, no século XX, não vingaram como esperado. Antes, porém, precisamos qualificar o papel da razão tanto no desenvolvimento quanto na crítica do capitalismo.

A ideia da razão como princípio de organização social, subtendida em todo período, que compreende do iluminismo aos dias atuais, é de que as consequências necessárias da razão e da fala nos levaria da escuridão, representada por uma sociedade tipo feudal, para a luz, representada por uma "[...] esclarecida e iluminada sociedade de indivíduos independentes que raciocinam e discutem, permutam e trocam, homens justos e livres que enxergam através dos seus próprios preconceitos [...]"

(ROTHSCHILD, 2003, p. 18). Todavia, dessa ótica enxergamos apenas a aparência e não os fundamentos do processo. É como se olhássemos uma árvore de longe. De uma determinada distância não conseguimos enxergar o que acontece em seus galhos: destruição. Na natureza a vida é ao mesmo tempo destruição, é luta pela existência, como Darwin (2005, p. 125), constatou: "[...] as aves que cantam alegremente ao nosso redor vivem geralmente de insetos ou de sementes, e [...] assim estão constantemente destruindo a vida [...]". Se não entendermos realmente o significado da luta pela existência na natureza, se não conseguirmos fazer a analogia necessária, entre aquela luta e a nossa, de utilizar a nossa razão para superar e não para justificar tal luta, talvez nunca sejamos capazes de dar uma resposta adequada ao dilema razão/humanização. Esperamos demonstrar a seguir, que capitalismo, Estado e comunismo, representam apenas formas particulares da razão justificando a luta pela existência e, a consequente, manutenção de formas de expropriação e exploração do trabalho social, para o benefício privado de grupos sociais dominantes. Darwin é onde todos nós nos encontramos (e não por uma mera questão de darwinismo social, que representa uma simplificação muito grosseira da dinâmica do capitalismo como formação social). Será somente a partir do real entendimento do significado da luta pela existência (interações sociais no capitalismo), e de seus pressupostos ocultos na nossa própria razão (consciência/ciência), que suas implicações na sociabilidade/civilidade humana poderão ser transformadas, para que finalmente, possamos nos revolucionar enquanto humanidade: a nossa última revolução.

> E era sempre: Não foi por mal
> Eu juro que não foi por mal, eu não queria machucar você
> Prometo que isso nunca vai acontecer mais uma vez
> E era sempre, sempre o mesmo novamente.
> **Acrilic on Canvas, Legião Urbana.**

2. Smith: a teoria dos sentimentos morais e a riqueza das nações

Pareceu que com o Iluminismo havíamos, finalmente, alcançado o cerne do processo civilizatório. Os ideais de liberdade, igualdade e fraternidade, que emergiram da Revolução Francesa, e se espalharam pela Europa e pelo mundo, foram resultado de uma iluminação racionalizada. Resulta daí a elaboração de uma doutrina ética, liderada pelos economistas, para uma nova sociedade. A princípio, esta ética está voltada a demonstrar que se o homem age de forma virtuosa a sociedade será encaminhada para o melhor dos mundos. Portanto, para essa ética, a luta pela existência deixa de ser considerada em sua essência e, em seu lugar, passa a figurar, uma luta interior entre sentimentos virtuosos e sentimentos vis; entre vícios e virtudes.

A princípio, o conteúdo desse capítulo seria somente sobre as repercussões não desejadas da mão invisível sobre a sociedade. Em contestar a teoria de Smith de que o liberalismo derivado desse princípio levaria ao melhor dos mundos. Porém, a razão em Smith é muito mais complexa e para entendemos o real significado da mão invisível precisamos voltar a sua obra anterior, a Teoria dos Sentimentos Morais (TSM), a qual contém a sua ideia de uma sociedade harmoniosa. A mão invisível e o autointeresse, da Riqueza das Nações (RN), responsáveis pelo princípio autorregulador da economia e da sociedade, pela promoção da eficiência, do benefício social, enfim, da ordem e harmonia sociais, parecem versões econômicas das ideias de *simpatia* e do *espectador imparcial*, da TSM. Destarte, é preciso não esquecer que as duas obras são de dimensões distintas: a TSM representa um tratamento filosófico do comportamento humano, enquanto a RN trata do aspecto econômico. De qualquer forma, a TSM, sem sombra de dúvida, é uma obra fascinante em todos os aspectos (profundidade, genialidade, originalidade, etc). Tem por objetivo discutir a luta interior do homem entre suas virtudes e seus vícios e, demonstrar, ao final, que o autodomínio sobre os últimos, e a aprovação social das primeiras, é o caminho natural para uma sociedade melhor. O seu ponto de partida é a existência de um *senso moral* inato ao homem, derivado de um sentido de simpatia e da figura do espectador imparcial, características também inatas. A questão social aparece como um princípio de moral, não como uma questão econômica. Então, nesse contexto, para Smith, qual seria o modo moralmente correto de agir se estamos sempre divididos entre nossos vícios e nossas virtudes?

Ao tratar dos princípios de moral é necessário considerar duas questões. Primeiro, em que consiste a virtude – ou o tom do temperamento, e o teor da conduta que constitui o caráter excelente e louvável, caráter que seja objeto natural de estima, honra e aprovação? E, segundo, por que poder ou faculdade do espírito esse caráter, seja ele qual for, se recomenda a nós? Ou, em outras palavras, como, e por que meios, sucede ao espírito preferir um teor de conduta a outro; denominar um o correto e o outro, o errado; considerar um objeto de aprovação, honra e recompensa e, o outro, de vergonha, censura e castigo? (SMITH, 2015, l, 7262).

A resposta desenvolvida por Smith passa pelo entendimento de que existe um senso moral próprio à natureza humana, para além do amor próprio. Senso moral, o qual possibilita tanto a realização da condição civil (produção de convenções artificiais para vida em comunidade, como a justiça, por exemplo), quanto a busca pelo "caráter excelente e louvável, caráter que seja objeto natural de estima, honra e aprovação", por todos os indivíduos. A moralidade como condição humana, através de suas variadas formas de representação – como do estabelecimento de uma ordem social, em lugar de uma ordem natural, na qual a resolução de conflitos ocorre a partir do diálogo e da justiça, ao invés da violência, da promoção das virtudes para alcançar a felicidade, etc –, representa, assim, um processo. Os elementos fundamentais desse processo foram entendidos por Smith como sendo constituídos pelas ideias de *simpatia* e do *espectador imparcial*, como anteriormente citado. A *simpatia*, entendida como uma "correspondência de sentimentos", seria, assim, uma condição natural humana que tem como fim realizar a mediação entre nosso amor próprio (egoísmo) e nosso amor desinteressado (altruísmo); tornando possível a existência de um sentido de solidariedade, condição necessária a vida em sociedade.

> E daí resulta que sentir muito pelos outros e pouco por nós mesmos, restringir nossos afetos egoístas e cultivar os benevolentes, constitui a perfeição da natureza humana; e somente assim se pode produzir entre os homens a harmonia de sentimentos e paixões em que consiste toda a sua graça e propriedade. E assim como amar a nosso próximo do mesmo modo que amamos a nós mesmos constitui a grande lei do Cristianismo, também é o grande preceito da natureza amarmos a nós mesmos apenas como amamos a nosso próximo, ou, que é o mesmo, como nosso próximo é capaz de nos amar (SMITH, 2015, l, 1917-1918).

Embora, para Smith, o senso moral seja inato ao homem, as virtudes parecem ser resultado de um elevado grau de domínio sobre "as mais ingovernáveis paixões da natureza humana", domínio não acessível para todos. Dessa perspectiva, a sociedade parece constituída de três classes de homens: 1) pessoas ordinárias (grau comum da moral, sem vícios nem virtudes); 2) pessoas dominadas pelas paixões (vícios); e 3) pessoas com elevado grau de sensibilidade, delicadeza e ternura (virtuosas). Para Smith, "no grau comum da moral não há virtudes".

> A amável virtude da humanidade certamente exige uma sensibilidade muito superior à que possuem as pessoas rudes e vulgares. A grande e eminente virtude da magnanimidade sem dúvida exige muito mais do que as gradações de autodomínio de que é capaz o mais fraco dos mortais. Do mesmo modo como no grau comum das qualidades intelectuais não há talentos, no grau comum da moral não há virtudes. A virtude é excelência, algo excepcionalmente grande e belo, que se eleva muito acima do que

é vulgar e ordinário. As virtudes amáveis consistem no grau de sensibilidade que surpreende pela sua refinada e inesperada delicadeza e ternura. As veneráveis e respeitáveis, no grau de autodomínio que surpreende pela espantosa superioridade em relação às mais ingovernáveis paixões da natureza humana (SMITH, 2015, l. 1923-1924).

É interessante observar que simpatia não é o mesmo que benevolência, compaixão ou piedade, embora não estejam dissociadas. Benevolência, compaixão e piedade constituem a parte altruísta da simpatia. A simpatia se relaciona com um sentimento de solidariedade, no sentido de correspondência, concordância ou reciprocidade (perfeita harmonia) de sentimentos, da sorte de um ser humano pela sorte dos outros, como também afirmado anteriormente.

> Toda faculdade de um homem é a medida pela qual ele julga a mesma faculdade em outro. Julgo sua visão por minha visão, seu ouvido por meu ouvido, sua razão por minha razão, seu ressentimento por meu ressentimento, seu amor por meu amor. Não possuo nem posso possuir nenhum outro modo de julgá-las (SMITH, 2015, l, 1788).

No capítulo II, "da origem da ambição e da distinção social", Smith, trata da domesticação da avareza e da ambição pela simpatia. Segundo ele: "É porque os homens estão dispostos a simpatizar mais completamente com nossa alegria do que com nossa dor, que exibimos nossa riqueza e escondemos nossa pobreza" (SMITH, TSM, l, 2505). Para ele, perseguir a riqueza e evitar a pobreza é uma consideração própria dos sentimentos da humanidade, pois a primeira está associada as "alegres congratulações e solidárias atenções, enquanto a segunda ao desdém e aversão". O sentimento de aprovação derivado da simpatia tem dois aspectos: 1) a paixão solidária do espectador (de aspecto sempre agradável); e 2) outro sentimento que pode ser tanto agradável quanto desagradável, de acordo com o tipo de paixão original.

Na TSM, Smith observa ainda, que o ser humano pode subsistir apenas em sociedade e que a solidariedade, como fundamento da sociedade, pode ocorrer de duas formas. Primeiro, pelos sentimentos de amor, gratidão, amizade e estima. Segundo, por um senso de utilidade. Em relação a primeira forma, Smith, assim, discorre:

> [...] onde a ajuda necessária é reciprocamente provida pelo amor, gratidão, amizade e estima, a sociedade floresce e é feliz. Todos os seus diferentes membros estão atados entre si pelos agradáveis elos do amor e afeição, como se atraídos para um centro comum de bons serviços recíprocos (SMITH, 2015, l, 3327).

A simpatia aparece como uma necessidade intrínseca de excelência pessoal, mas tal excelência só pode existir na comparação da existência de um ser com outro. Nesse sentido, a simpatia relaciona-se com "[...] a emulação, o aflito desejo de sermos excelentes, [que] funda-se originalmente em nossa admiração pela excelência de outros [...]." (SMITH, 2015, l, 3925). A excelência é tanto causadora quanto causa de admiração de um ser pelos demais. Assim, "[...] tampouco nos satisfaz sermos admirados tão somente pelo que os outros o são; ao menos devemos acreditar que somos admiráveis pelo que elas são." (SMITH, 2015, l, 3925). Por seu turno, a satisfação proporcionada pela correspondência de sentimentos depende de nossa capacidade de nos tornarmos "espectadores imparciais de nosso próprio caráter e conduta". A figura do espectador imparcial desempenha um papel central na TSM e é tido, também, como a força centrípeta que mantém a sociedade em funcionamento. Sem o espectador imparcial não poderia existir um mínimo de ordem social, pois os sentimentos não poderiam se refletir, corresponder, entre os seres humanos. Todavia, conforme explica Smith se tornar um espectador imparcial exige esforço:

> [...] É preciso nos esforçarmos para vê-los [caráter e conduta] com os olhos de outras pessoas, ou como outras pessoas provavelmente os verão. Vistos nessa luz, se nos aparecem como desejamos, ficamos felizes e contentes. Porém, confirma-se grandemente essa felicidade e contentamento, ao descobrirmos que outros, vendo nosso caráter e conduta com aqueles olhos com os quais nós, apenas em imaginação, esforçávamo-nos por vê-los, vêem-nos precisamente sob a mesma luz em que nós os víramos. Sua aprovação necessariamente confirma a aprovação de nós mesmos. Seu louvor necessariamente fortalece nosso senso de que somos dignos de louvor. Nesse caso, o amor ao que é louvável está tão distante de derivar inteiramente do amor ao louvor, que este parece, em grande medida, pelo menos, derivar daquele, isto é, do amor ao que é louvável (SMITH, 2015, l, 3930-3931).

A segunda forma de solidariedade se dá por um senso de utilidade. Não há propriamente um desenvolvimento dessa ideia na TSM, apenas uma passagem, mas que já abre espaço para a doutrina do autointeresse e a resultante ideia da mão invisível desenvolvida na RN, dezessete anos depois. É interessante observar essa lacuna de tempo, pois a mesma se refere a um período de intenso desenvolvimento do capital mercantil na Inglaterra. Movimento que talvez possa ter contribuído para que

Smith tenha substituído o seu princípio de organização social, relacionado as ideias da simpatia e do espectador imparcial, para a doutrina do autointeresse e seu corolário da mão invisível.

> Mas, ainda que a ajuda necessária não seja provida por motivos tão generosos e desinteressados, ainda que entre os diferentes membros da sociedade não haja amor e afeto mútuos, a sociedade, embora menos feliz e agradável, não se dissolverá necessariamente, pois pode subsistir entre diferentes homens, como entre diferentes mercadores, por um senso de sua utilidade, sem qualquer amor ou afeto recíprocos. E embora nenhum homem que vive em sociedade deva obediência ou esteja atado a outro por gratidão, ainda assim é possível mantê-la por uma troca mercenária de bons serviços, segundo uma valoração acordada entre eles (SMITH, 2015, l, 3332-3333).

Portanto, na TSM, o mercado ("a troca mercenária de bons serviços"), aparece, ainda, muito timidamente como um princípio de organização social. Já, a figura do espectador imparcial, além de proporcionar uma regra de conduta, da boa conduta, permite também, como explica Smith, no capítulo III, "da influência e autoridade da consciência", a "comparação apropriada entre nossos interesses e os de outras pessoas". Ou seja, está aberta a possibilidade da transformação do espectador imparcial no autointeresse, como mediador das relações sociais. Então, temos duas dimensões do espectador imparcial, uma que se refere a conduta humana e outra que harmoniza os interesses pessoais. Todavia, na TSM, não figura no pensamento de Smith uma relação entre autointeresse e benefício econômico. Pois, segundo ele:

> As falsas representações do amor de si, serão corrigidas não pelo mercado, mas pelo amor, um amor maior do que o "amor ao

nosso próximo" ou à humanidade, "[...] o amor ao que é honrado e nobre, à grandeza, dignidade e superioridade de nossos próprios caracteres (SMITH, 2015, l, 4339).

Em termos gerais, a simpatia pode ser vista como resultado da visão de mundo de Smith. Ele acreditava em uma harmonia natural na sociedade, pois a natureza haveria criado o homem para a sociedade e o dotado,

> [...] de um desejo original de agradar, e de uma aversão primária a ofender seus irmãos. Ensinou-o a sentir prazer com a opinião favorável destes, e a sofrer com a sua opinião desfavorável. Tornou a aprovação dos semelhantes em si mesma muito lisonjeira e agradável a ele, e sua desaprovação muito mortificante e ofensiva (SMITH, 2015, l, 3972).

Desse modo, é a partir do "desejo de aprovação" e de "aversão à reprovação" que a vida em sociedade acontece e se encaminha para o "verdadeiro amor à virtude" e o "real horror ao vício". Para Smith, as regras gerais da moralidade são consideradas como leis da divindade. Daí, a ideia de harmonia social, o "interesse da grande sociedade humana", aparecer em diversas palavras e ideias para referendar a simpatia e o espectador imparcial, como qualidades inatas do homem: conduta, louvor, grande diligência, ações louváveis, "evitar a sombra da censura ou repreensão", "mais louvável prudência", autodomínio, juiz interior, honra, dignidade, aprovação, "homem ideal dentro do peito", "verdadeira felicidade", virtuosidade, benevolência, "retidão de nossos próprios juízos", senso moral, "senso natural do mérito e da conveniência", generosidade, ação amável, ação respeitável, senso de dever, "respeito as regras gerais de conduta", gratidão, respeito, prudência, estima, boa vontade, autodomínio, autoestima; enfim, como "[...] o sapientíssimo Autor da natureza ensinou o homem a respeitar os sentimentos e juízos de seus irmãos [...]" (SMITH, 2015, l, 4201). Apesar das boas intenções de Smith para melhorar a sociedade, pelo uso da razão como força domesticadora das paixões e dos vícios, ele parece que termina por elaborar tão somente um manual de etiqueta para a nova classe burguesa (sem nenhum desmerecimento do valor filosófico da sua obra).

Assim, a TSM torna-se uma obra impossível de humanização apesar de toda humanidade nela contida. Porque não considera o cerne da questão social, a luta pela existência contida nas interações sociais, a partir das relações sociais de produção. Não que as virtudes e o bom senso (o espectador imparcial), não sejam importantes nos processos de sociabilidade/civilidade, mas que diante da luta pela existência, tornam-se, no mínimo, instrumentos de alienação.

Para ilustrar nossa análise recorremos a arte da literatura e sua força interpretativa do real dramático. Especificamente, ao livro do francês Pierre Lemaitre, intitulado *Derrapagens*, traduzido por "Recursos desumanos", que também virou série de *streaming*. Na trama, a partir de eventos dramáticos, e de uma série de conflitos éticos e morais, envolvendo o protagonista e o CEO de uma grande corporação, está a questão do desemprego, da precarização do trabalho, do etarismo, do desmesurado poder e da perversa moral das grandes empresas, no capitalismo neoliberal. O último diálogo, apresentado a seguir, por ser mais enxuto, foi extraído da série. Acontece entre o protagonista, Alain Delambre, e o CEO da *Exxyal Europe*, Alexandre Dorfmann. O ponto de partida da trama é uma situação em que a empresa pretendia usar Delambre para conduzir uma simulação de sequestro da alta cúpula da empresa, sob o pretexto de que assim ele ganharia um emprego. O experimento visava testar a fidelidade dos seus executivos e, principalmente, selecionar um deles para uma difícil missão: conduzir um plano de demissão de 1.200 trabalhadores, numa de suas filiais, localizada no interior da França. Todavia, durante a simulação, Delambre, inverte o jogo e se aproveita de uma determinada situação para transferir uma quantia significativa do dinheiro ilegal da empresa para ele.

Dorfmann – Sabe porque o Sr. e eu somos mais parecidos do que pensa? Acha o sistema neoliberal inumano e baseado na ganância, que cria a pobreza para enriquecer os ricos. Sempre o mesmo discurso. Mas, quando o dinheiro lhe é apresentado, o Sr. é o primeiro a correr atrás dele. Quando há dinheiro envolvido o Sr. está pronto para deixar sua esposa na mão de assassinos. Sabe porque somos mais parecidos do que pensa? Simplesmente porque somos humanos, mais parecidos com lobos do que com ovelhas. Nós protegemos nosso território, nossa família, a comida que temos ou que cobiçamos. Estamos prontos para tudo, somos capazes de qualquer coisa. Olhe, até os 20 milhões de euros que o Sr. considera seus porque os roubou de nós. Mas, seu comportamento pode ser visto como inumano, ganancioso e imoral.
Delambre – A moralidade Sr. Dorfmann é luxo para os privilegiados. Na verdade, seu sistema mentiu para mim, me manipulou, me usou, estava pronto para se livrar de mim sem pensar duas vezes. O dinheiro não é meu porquê o roubei, é meu porque eu o ganhei.

O diálogo acima é de um simbolismo revelador. Retrata um conflito que está muito além da ética, da moral, das virtudes e dos vícios. Retrata, em uma palavra, não a busca da virtude e da felicidade, mas uma luta feroz, não só entre capital e trabalho, mas entre qualquer nível de interações sociais e, até mesmo, pelo simples direito de trabalha. Para Dorfmann, o sentido da vida é a dominação, exploração, acumulação. Para Delambre, o sentido da vida é de pura sobrevivência, em um "admirável mundo novo", de formas cada vez mais precarizadas de trabalho, novas formas de expropriação e de expulsões. Se, por um lado, a simpatia e o espectador imparcial, existentes no homem, não foram suficientes para um processo de humanização diferente; por outro, o autointeresse e a mão invisível, conduziram a sociedade humana a um grau de distopia só comparado ao mundo pós-apocalíptico das obras do gênero.

Na RN, o autointeresse aparece como uma força que domina as paixões e as domestica para a realização do homem enquanto ser, de forma que o processo e o progresso econômicos aparecem como fundamentos dessa razão. Isso, porque, o *interesse* insere um elemento de constância e previsibilidade do comportamento humano, em contraste com "o caráter flutuante e imprevisível" das paixões. Como bem nos esclarece Hirschman, em uma obra fascinante, na qual ele analisa os "argumentos políticos a favor do capitalismo antes do seu triunfo", que por sinal, é o seu subtítulo. A razão assume, portanto, o papel de transformar o egoísmo e a avareza nos fundamentos de uma nova sociedade, visto que estão diretamente relacionados ao novo padrão de riqueza, derivado do desenvolvimento do comércio e da indústria. Assim, o comércio deixou de ser uma atividade malvista e passou a ser causa de progresso, inclusive da boa administração pública, ou seja, um elemento para o aprimoramento do país, como destaca Smith na RN.

> [...] O comércio e as manufaturas introduziram gradualmente a ordem e a boa administração e, com elas, a liberdade e a segurança dos indivíduos, entre os habitantes do campo, que até então haviam vivido mais ou menos em um estado contínuo de guerra com os vizinhos, e de dependência servil em relação a seus superiores. Embora esse fator seja o último aqui apontado, é sem dúvida o mais importante de todos [...] (SMITH, 1996, p. 400).

Para Rothschild (2003, p. 139), a ideia da mão invisível, em Smith, consiste de três noções principais: "[...] as ações dos indivíduos têm consequências não intencionadas; existe ordem ou coerência nos acontecimentos; e as consequências não intencionadas das ações às vezes promovem interesses das sociedades [...]". Como visto anteriormente, a mão invisível tem como fundamento a doutrina do interesse: a ideia do autointeresse como chave para a compreensão da ação humana; a transformação do vício da avareza na virtude do bem-estar social. Doutrina que procurou explicar uma nova sociedade, baseada numa nova razão, a razão econômica, e que tinha como regra elementar de conduta para o indivíduo, a busca sem limites de valor econômico. Dessa forma, foi com a sistematização econômica de Smith, que "na sua forma limitada e domesticada, a ideia do aproveitamento [da mobilização das paixões] foi capaz de sobreviver e prosperar tanto como um dos princípios do liberalismo do século XIX quanto como uma construção fundamental da teoria econômica" (HIRSCHMAN, 2002, p.40). Pois, foi capaz de estabelecer uma "[...] poderosa justificativa econômica para a busca desenfreada do interesse próprio individual [...]" (HIRSCHMAN, 2002, p.120).

Em 1993, o eminente Professor Giannetti, publicou um livro no qual procurava enquadrar a Economia na perspectiva ética. A sua tese é a da "ética como fator produtivo", determinante do desempenho econômico, da riqueza da nação, e sua proposição central é a de que:

> [...] a presença de valores morais e a adesão a normas de conduta são requisitos indispensáveis para que o mercado se firme como regra de convivência civilizada e se torne, alimentado pelo desejo de cada indivíduo de viver melhor, uma interação construtiva na criação de riqueza (GIANNETTI, 1993, p. 154).

Infelizmente, parece não existir sustentação no argumento do professor Giannetti. Simplesmente, porque quando confrontamos a "ética como fator produtivo" com o "fetiche do dinheiro" (mistificação do dinheiro), é a busca desenfreada do interesse próprio individual que parece sempre prevalecer. Pois, o dinheiro, na mão dos proprietários dos meios de produção, tem o mágico poder de transmutar-se em capital (valor que se valoriza incessantemente). Nesse sentido, o dinheiro, de forma geral, e o capital, de forma particular, estão acima da ética e da moral. Prova cabal dessa afirmação está no padrão sistêmico de riqueza do capitalismo contemporâneo, representado pela financeirização. Conforme explicava Braga, ainda no ano de 1998, esse novo padrão, "[...] sinaliza um movimento desequilibrador da divisão internacional do trabalho e disparidades crescentes de renda, de riqueza e de sociabilidade; compreendidas como acesso ao emprego, à expansão vital e cultural, à convivência democrática e civilizada" (BRAGA, 1998, p. 238-239).

A dinâmica capitalista eleva o autointeresse a uma posição muito além do princípio autorregulador previsto para a mão invisível, muito acima do comportamento ético e moral. Pois, o dinheiro "enquanto conceito existente e atuante de valor", como Marx, ainda muito jovem, constatou:

> [...] se apresenta também contra o indivíduo e contra os vínculos sociais etc., que pretendem ser, para si, *essência*. Ele transforma a fidelidade em infidelidade, o amor em ódio, o ódio em amor, a virtude em vício, o vício em virtude, o servo em senhor, o senhor em servo, a estupidez em entendimento, o entendimento em estupidez (MARX, 2008, p. 160).

> Quase acreditei na sua promessa
> E o que vejo é fome e destruição
> Perdi a minha sela e a minha espada
> Perdi o meu castelo e minha princesa.
> **Metal contra as nuvens, Legião Urbana.**

3. Hegel: razão, liberdade e Estado

Partimos do seguinte pressuposto hegeliano: se é a razão que governa o mundo, a "história universal é também um processo racional" (HEGEL, 2008, p. 17). Hegel descreve a razão como uma substância de força infinita, "[...] ela se nutre a si mesma, é o seu próprio pressuposto, e o seu objetivo é o objetivo final absoluto [...] o verdadeiro, o eterno, a potência pura e simples, que se manifesta no mundo e somente ela se manifesta [...]", realizada e realizando a história universal (HEGEL, 2008, p. 17).

Portanto, o estudo da história universal resultou e deve resultar em que nela tudo aconteceu racionalmente, que ela foi a marcha racional e necessária do espírito universal; espírito cuja natureza é sempre idêntica e que a explica na existência universal (HEGEL, 2008, p. 18).

No fim dessa trajetória, a realização da história universal, ou seja, a realização completa da razão no mundo, a forma acabada assumida do espírito na existência, encontra-se representada no Estado. Porque, para Hegel, somente este é capaz de realizar a essência do espírito: a liberdade. Esta, por sua vez, uma característica intrínseca à própria natureza do espírito, e somente dela, e por ela, todas as propriedades do espírito se realizam e são realizadas na existência: "[...] todas as propriedades do espírito só existem mediante a liberdade, são todas apenas meios para a liberdade, todas a procuram e a criam [...] a liberdade é a única verdade do espírito [...]" (HEGEL, 2008, p. 23-24).

Por seu turno, a liberdade, em Hegel, está relacionada a autoconsciência, consciência de si mesmo. Para sua existência, como tal, não basta que apenas um homem seja livre (criação de um déspota), nem tampouco que poucos sejam livres (situação de escravidão). Hegel, destaca que foi somente considerando o princípio cristão de autoconsciência e da liberdade que o homem se reconheceu finalmente como livre, "[...] que o homem é livre como homem, que a liberdade do espírito constitui a sua natureza mais intrínseca [...]" (HEGEL, 2008, p. 24). Mas, tal reconhecimento não implica necessariamente na sua realização, como o próprio autor reconhece, pois:

> [...] a escravidão, por exemplo, não acabou de chofre com a aceitação da religião cristã. Muito menos a liberdade reinou logo a seguir, e tampouco os governos e as constituições foram organizados de maneira racional ou sequer baseados no princípio da liberdade. Essa aplicação do princípio aos assuntos do mundo, a atuação e a penetração dele na condição profana, eis o longo

processo que constitui a própria história [...] (HEGEL, 2008, p. 24-25).

Cabe observar que, para Hegel, a religião assume uma dimensão fundamental para a realização da razão na existência. É ela que proporciona, a partir do cristianismo e nas nações germânicas, segundo o autor, o reconhecimento do ser por si mesmo, ou seja, da autoconsciência e da liberdade. Mas, aquilo que é em si, não é, necessariamente, aquilo que é na existência, na história. Então, Hegel, a partir de um conjunto de mediações e de analogias com a religião conclui que a configuração existencial dessa realização somente ocorre com o Estado.

> [...] Na história universal tudo convergiu para esse objetivo final [a liberdade]; todos os sacrifícios no amplo altar da Terra, através dos tempos, foram feitos para esse objetivo final. É o único fim que se realiza e cumpre, o único permanente na trama mutável de todos os acontecimentos e circunstâncias, bem como a força verdadeiramente atuante. Esse objetivo final é aquilo que Deus quer do mundo; porém Deus é a perfeição, e por isso não pode querer nada além de si mesmo, sua própria vontade. Quanto à natureza de sua vontade, ou seja, a sua própria natureza, é o que nós denominamos aqui a ideia de liberdade, apreendendo por meio do pensamento a representação religiosa [...] (HEGEL, 2008, p. 25).

O conjunto de mediações a que nos referimos acima, diz respeito às contradições intrínsecas da natureza humana. De um lado, os instintos, as paixões, os interesses e, de outro, o raciocínio, o entendimento, a razão. As paixões representam a vitalidade dos indivíduos e dos povos, potências da vontade, que resultam nas ações humanas.

Dissemos que nada se realizou sem o interesse e a atividade daqueles que participaram. Dissemos que nada no mundo foi realizado sem o interesse daqueles que, com suas ações, colaboraram para tal realização, tomando o interesse como paixão, negligenciando todos os outros interesses e fins que o homem também tem e pode ter, com toda a fibra do querer, concentrando nesse objetivo todas as suas necessidades e forças. Então devemos dizer, de maneira geral, que nada de grande acontece no mundo sem paixão [...] (HEGEL, 2008, p. 28).

Todavia, ao concretizar seus próprios interesses, os indivíduos realizam algo mais abrangente, algo além do que foi originalmente intencionado. É a ideia da história universal como progresso, este sendo entendido como o domínio da razão sobre as paixões, como um tipo de "disciplinamento" dos interesses particulares pelos interesses gerais, ao qual, grosso modo, Hegel denominou de "astúcia da razão". Disciplinamento que se dá pela passagem da moralidade subjetiva para a moralidade objetiva, através do Estado.

> O interesse particular da paixão é, portanto, inseparável da participação do universal, pois é também da atividade do particular e de sua negação que resulta o universal. É o particular que se desgasta em conflitos, sendo em parte destruído. Não é a ideia geral que se expõe ao perigo na oposição e na luta. Ela se mantém intocável e ilesa na retaguarda. A isso se deve chamar *astúcia da razão*: deixar que as paixões atuem por si mesmas, manifestando-se na realidade, experimentando perdas e sofrendo danos, pois esse é o fenômeno no qual uma parte é nula e a outra afirmativa. O particular geralmente é ínfimo perante o universal, os indivíduos são sacrificados e abandonados. A ideia recompensa

o tributo da existência e da transitoriedade, não por ela própria, mas pelas paixões dos indivíduos (HEGEL, 2008, p. 35).

Dessa maneira, existe um fim último determinado para a humanidade que está além do seu conhecimento e para o qual a filosofia deve conduzir. Parece ser somente uma questão de tempo até o ponto em que as paixões e os interesses, que continuarão a existir e que funcionam como motivações originais de todas as atividades humanas, sejam tornados elementos secundários, e que o "bem verdadeiro" e a "razão divina universal", possam se realizar em sua representação mais concreta (que conforme Hegel é Deus). "[...] Deus governa o mundo, e o conteúdo de seu governo, a realização de seu plano, é a história universal [...] a razão é a compreensão da obra divina [...]". (HEGEL, 2008, p. 28)

A descoberta do saber, da crença e da vontade do universal, leva a união da moralidade subjetiva com a razão, realizada no Estado. Sendo somente a partir deste que o indivíduo tem e desfruta sua liberdade. Portanto, para Hegel, não existe liberdade fora do Estado. A liberdade fora do Estado é pura arbitrariedade e limitação, já que se refere somente ao caráter particular das necessidades.

> A vontade subjetiva e a paixão são os fatores que atuam, que realizam. A ideia é o interior. O Estado é o que existe, é a vida real e ética, pois ele é a unidade do querer universal, essencial, e do querer subjetivo – e isso é a moralidade objetiva [...] As leis da moralidade objetiva não são acidentais, são o próprio racional. O fim do Estado é, pois, que vigore o substancial na atividade real do homem e em sua atitude moral, que ele exista e se conserve em si mesmo [...] É preciso saber que tal Estado é a realização da liberdade, isto é, da finalidade absoluta [...] No Estado, o universal está nas leis, em determinações gerais e racionais. Ele é a ideia divina, tal qual existe no mundo [...] A lei é a objetividade do espírito e da vontade

em sua verdade, e só a vontade que obedece à lei é livre, pois ela obedece a si mesma, está em si mesma livremente [...] (HEGEL, 2008, p.39-40).

Em síntese, para Hegel (2008), a essência do espírito é atividade, que por sua vez provém das necessidades, paixões e interesses particulares (moralidade subjetiva). A vontade é potência (ideia), a atividade é a realização dessa potência. História seria, pois, a realização da potência através do tempo. Realização que tem um ponto de chegada: o domínio completo e absoluto da razão sobre a existência. Por sua vez, a razão é a substância da liberdade e esta, finalmente, representa a plena realização do homem no mundo, ou seja, a realização do espírito universal na história. Realização que somente ocorre através e pelo Estado (moralidade objetiva): o condutor racional e necessário para esse fim.

Hegel, reconhece que com a necessidade de governo e de administração, surge também a diferença entre comandantes e comandados, entre os que ordenam e os que obedecem. Neste sentido, Estado e liberdade se tornam incongruentes. Situação que é resolvida pelo autor através da ideia de Constituição, na qual a diferença entre comandantes e comandados surge apenas como uma "necessidade da liberdade". Decorre daí as formas constitucionais de monarquia, aristocracia e democracia. Por fim, para Hegel, a forma ideal de governo seria a monarquia, pelos seguintes motivos: 1) formação educacional superior do monarca; 2) a ideia do herói como o único personagem transformador da história; e 3) do monarca como representante de Deus na terra, no sentido de que se é preciso a figura de um Deus para dirigir o universo, na terra não seria diferente.

> Quero trabalhar em paz
> Não é muito o que lhe peço
> Eu quero um trabalho honesto
> Em vez de escravidão
>
> Deve haver algum lugar
> Onde o mais forte
> Não consegue escravizar
> Quem não tem chance
>
> De onde vem a indiferença
> Temperada a ferro e fogo?
> Quem guarda os portões
> Da fábrica?
> **Fábrica, Legião Urbana**

4. Marx: revolução e emancipação

Para Marx, a realização da existência na história acontece a partir da luta de classes: "a história de todas as sociedades até hoje existentes é a história das lutas de classes" (MARX e ENGELS, 2010, p. 40). Ele contestou, assim, a realização da história pela oposição entre moralidade subjetiva e moralidade objetiva, como pensava Hegel. Para Marx, muito pelo contrário, "[...] o modo de produção da vida material condiciona o processo de vida social, política e intelectual [...]" (MARX, 2008a, p.47).

> [...] Na produção social da própria existência, os homens entram em relações determinadas, necessárias, independentes de sua vontade; essas relações de produção correspondem a um grau determinado de desenvolvimento de suas forças produtivas materiais. A totalidade dessas relações de produção constitui a base econômica da sociedade, a base real sobre a qual se eleva uma superestrutura jurídica e política e à qual correspondem formas sociais determinadas de consciência [...] (MARX, 2008a, p.47).

No capitalismo, de forma específica, a luta ocorre entre duas grandes classes, burguesia e proletariado. Nesse contexto, a necessidade de governo e de administração não pode mais representar a forma de realização da liberdade, como pensava Hegel. Passa a constituir, tão somente, uma forma de manutenção e reprodução de uma totalidade social determinada, com uma estrutura econômica específica e uma forma de propriedade e acumulação, que lhe são também específicas e a ela relacionadas. Para Hegel (1997, p. 149), o Estado, o domínio do direito, é a liberdade realizada, "[...] o fim e a realidade em ato da substância universal e da vida pública nela consagrada. [...]". Para Marx, o Estado é tão somente um comitê burguês.

> [...] a burguesia, com o estabelecimento da grande indústria e do mercado mundial, conquistou, finalmente, a soberania política exclusiva no Estado representativo moderno. O executivo no Estado moderno não é senão um comitê para gerir os negócios comuns de toda a classe burguesa (MARX e ENGELS, 2010, p. 42).

Já, em 1843, quando Marx escreveu sobre "A questão judaica", ele demonstrou a impossibilidade da realização da liberdade, nos termos de Hegel. Para Marx, a liberdade não seria alcançada no desenrolar natural da história humana. Nessa etapa de seu pensamento, a liberdade seria alcançada somente através de um processo de emancipação, tanto religiosa quanto política. O seu argumento é o de que o antagonismo entre o judeu e o cristão somente se resolveria a partir da superação da religião pela ciência.

> [...] Assim que judeu e cristão passarem a reconhecer suas respectivas religiões tão somente como *estágios distintos do desenvolvimento do espírito humano*, como diferentes peles de cobra descartadas pela *história*, e reconhecerem o homem como a cobra que nelas trocou de pele, eles não se encontrarão mais em uma relação religiosa, mas apenas em uma relação crítica, *científica*, em uma relação humana. A *ciência* constitui então sua unidade. Todavia, na ciência, os antagonismos se resolvem por meio da própria ciência (MARX, 2010a, p. 34).

Marx argumentava em seu livro que Bauer não conseguiu resolver a questão judaica porque não observou para além da emancipação religiosa e política dos judeus. De acordo, ainda, com Marx, a questão não era tão somente de quem deveria ser emancipado ou quem se emanciparia e, sim, de que tipo de emancipação e em quais condições. A questão não era somente o reconhecimento do judeu pelo Estado cristão, mas o questionamento do próprio Estado cristão, enquanto único e verdadeiro, bem como do próprio Estado enquanto tal.

> [...] vemos o erro de Bauer no fato de submeter à crítica tão somente o 'Estado cristão', mas não o 'Estado como tal', no fato de não investigar a *relação entre emancipação política e emancipação humana* e, em consequência, de impor condições que só se

explicam a partir da confusão acrítica da emancipação política com a emancipação humana geral [...] (MARX, 2010a, p. 36).

Valendo-se do Estado, a libertação política do homem significaria a superação de sua limitação religiosa. Todavia, "[...] A emancipação *política* em relação à religião não é a emancipação já efetuada, isenta de contradições, em relação à religião, porque a emancipação política ainda não constitui o modo já efetuado, isento de contradições, da emancipação *humana*" (MARX, 2010a, p. 38). Marx, entendeu o espírito religioso e sua expressão religiosa como um estágio de desenvolvimento do espírito humano, do qual emergiu e se constituiu o Estado democrático. Todavia, em sua forma secular, e porque já secular, o fundamento do Estado não era o cristianismo, mas tão somente uma imagem deste.

> A democracia política é cristã pelo fato de que nela o homem – não apenas um homem, mas cada homem – é considerado um ente *soberano*, o ente supremo, ainda que seja o homem em sua manifestação inculta, não social, o homem em sua existência casual, o homem assim como está, o homem do seu jeito corrompido pela organização de toda a nossa sociedade, perdido para si mesmo, alienado, sujeito à dominação por relações e elementos desumanos, em suma: o homem que não chegou a ser um ente genérico real. Na democracia, a quimera, o sonho, o postulado do cristianismo, ou seja, a soberania do homem, só que como ente estranho e distinto do homem real, tornou-se realidade, presença palpável, máxima secular (MARX, 2010a, p. 45).

Marx, de forma cristalina, entendeu que o Estado democrático foi uma conquista da revolução burguesa e, como tal, visava assegurar os direitos do homem, como membro da sociedade burguesa, ou seja, a colocação do Estado político nas mãos da sociedade burguesa; ao invés de uma autêntica emancipação humana. Para ele, na constituição mais radical, a francesa, de 1793, a liberdade não estava baseada na vinculação entre os indivíduos, mas na separação entre os mesmos, dado que "[...] a aplicação prática do direito humano à liberdade equivale ao direito humano à *propriedade privada*" (MARX, 2010a, p. 49), que constitui a base da sociedade burguesa. Conforme explicou Marx, cada indivíduo não vê no outro a sua realização e, sim, uma restrição a sua liberdade. Também, e, no mesmo sentido, Marx analisou o direito do homem à igualdade e à segurança. A citação a seguir sintetiza sua análise e funciona quase como uma profecia para a nossa presente totalidade social.

> Portanto, nenhum dos assim chamados direitos humanos transcende o homem egoísta, o homem como membro da sociedade burguesa, a saber, como indivíduo recolhido ao seu interesse privado e ao seu capricho privado e separado da comunidade. Muito longe de conceberem o homem como um ente genérico, esses direitos deixam transparecer a vida do gênero, a sociedade, antes como uma moldura exterior ao indivíduo, como limitação de sua autonomia original. O único laço que os une é a necessidade natural, a carência e o interesse privado, a conservação de sua propriedade e de sua pessoa egoísta (MARX, 2010a, p. 50).

Portanto, para Marx, parece enigmático a proclamação do homem egoísta e, mais enigmático ainda, que o cidadão seja declarado como um serviçal dele. No entanto, analisada a situação da perspectiva contemporânea, observamos de forma geral, no tempo e no espaço, que as forças políticas constituintes do Estado democrático sempre representaram interesses egoístas, muito embora no discurso um ideal de coletividade fosse apresentado. Basta lembrarmos no plano econômico, que a instituição do trabalho assalariado, como relação social, por excelência, e forma de expropriação moderna do excedente, torna impossível a realização dos direitos do homem, em verdade, da emancipação humana. Como mais tarde Marx demonstrou em sua obra magna, O capital.

Já, em 1843, em outro escrito, "Crítica da filosofia do direito de Hegel", Marx demonstrou, no plano filosófico, a impossibilidade da emancipação plena a partir das contradições entre sociedade civil burguesa e o Estado, bem como a incapacidade do sistema de Hegel de resolvê-las. Impossibilidade que está diretamente relacionada com a transformação, a partir do Estado, da propriedade privada em "sujeito da vontade", cortando assim, os "nervos sociais da propriedade privada". Desse modo, a propriedade privada, colocada em sua forma mais abstrata, aparece ao mesmo tempo como fundamento e garantia da constituição política do Estado; um privilégio que perpetua e justifica, através da "ficção jurídica" de igualde e liberdade, o processo de exploração, para além da escravidão e da servidão. Então, se a emancipação não pode ocorrer pelo estabelecimento do Estado, como acreditava Hegel, por conta das contradições acima colocadas, como ela poderia vir a tomar existência, conforme Marx? Este será o problema central do pensamento dele pelo resto de sua vida. Marx já havia começado a formular sua solução, em 1844, no artigo "Crítica da filosofia do direito de Hegel – introdução". Nele, asseverou tanto a necessidade de uma revolução radical, e não de uma revolução parcial (meramente política), quanto assinalou a classe protagonista de tal revolução, o proletariado.

> O sonho utópico da Alemanha não é a revolução *radical*, a emancipação *humana universal*, mas a revolução parcial, *meramente* política, a revolução que deixa de pé os pilares do edifício. Em que se baseia uma revolução parcial, meramente política? No fato de que uma *parte da sociedade civil* se emancipa e alcança o domínio *universal*; que uma determinada classe, a partir da sua *situação particular*, realiza a emancipação universal da sociedade. Tal classe liberta a sociedade inteira, mas apenas sob o pressuposto de que toda a sociedade se encontre na situação de sua classe, portanto, por exemplo, de que ela possua ou possa facilmente adquirir dinheiro e cultura (MARX, 2010b, p. 154).

Acreditava ele que o proletariado, por conta do seu caráter universal derivado dos seus sofrimentos, também universais, através da negação da propriedade privada, elevaria "[...] a *princípio da sociedade* o que a sociedade elevara a princípio do *proletariado* [...]" (MARX, 2010b, p. 156). Marx buscou a partir de então entender a anatomia da sociedade burguesa diretamente na sua estrutura econômica. Demonstrou e denunciou, de forma acabada, em O capital, a exploração permanente da força de trabalho mistificada através da esfera da circulação, "[...] o reino exclusivo da liberdade, da igualdade, da propriedade e de Bentham [...]" (MARX, 2017, p. 250). Em contraste com o reino da circulação, o reino da produção revelava a essência do capitalismo: a expropriação de parte do valor gerado pela força de trabalho no processo de produção das condições materiais de existência. Nesse sentido, a "[...] exploração da força de trabalho é o primeiro direito humano do capital" (MARX, 2017, p. 364).

[...] Portanto, a lei da acumulação capitalista, mistificada numa lei da natureza, expressa apenas que a natureza dessa acumulação exclui toda a diminuição no grau de exploração do trabalho ou toda elevação do preço do trabalho que possa ameaçar seriamente a reprodução constante da relação capitalista, sua reprodução em escala sempre ampliada. E não poderia ser diferente, num modo de produção em que o trabalhador serve às necessidades de valorização de valores existentes, em vez de a riqueza objetiva servir às necessidades de desenvolvimento do trabalhador. Assim como na religião o homem é dominado pelo produto de sua própria cabeça, na produção capitalista ele o é pelo produto de suas próprias mãos (MARX, 2017, p. 697).

No item 7, do capítulo XXIV, de "O capital", intitulado, "tendência histórica da acumulação capitalista", com base no contexto histórico de sua época, Marx, então anunciou "a hora derradeira da propriedade privada capitalista", na qual os "expropriadores serão expropriados". Esta conclusão é de uma lógica inquestionável, dado que, por um lado, o processo de concentração de riqueza e, por outro, a constituição de uma massa de proletários, com condições de organização política e formação de uma consciência de classe, tornava o processo de exploração injustificável.

[...] Com a diminuição constante do número de magnatas do capital, que usurpam e monopolizam todas as vantagens desse processo de transformação, aumenta a massa da miséria, da opressão, da servidão, da degeneração, da exploração, mas também a revolta da classe trabalhadora, que, cada vez mais numerosa, é instruída, unida e organizada pelo próprio mecanismo do processo de produção capitalista. O monopólio do capital se converte num entrave para o modo de produção que floresceu com ele e sob ele. A centralização dos meios de produção e a socialização do trabalho atingem um grau em que se tornam incompatíveis com seu invólucro capitalista. O entrave é arrebentado. Soa a hora derradeira da propriedade privada capitalista, e os expropriadores são expropriados (MARX, 2017, p. 832).

A teoria da exploração desenvolvida por Marx, no livro I, de "O capital" é, sem dúvida, a explicação mais lúcida, válida e abrangente da dinâmica do capitalismo. Funciona para explicar a lógica e o desenvolvimento de todas as sociedades que têm no trabalho assalariado a sua forma de relação social básica. Todavia, a solução apresentada por ele para superação da exploração cai no mesmo tipo de armadilha em que caíram Smith e Hegel. De qualquer forma, Marx tem um mérito fundamental sobre aqueles dois pensadores. Ele entendeu que o centro da questão social está associado a estrutura econômica, sendo em torno desta que se desenrola a luta social da existência, por sua vez, dela derivada.

Semelhantemente a Smith e Hegel, a solução pensada por Marx, apesar de radical, parece ser ainda uma solução moral. Pois, o domínio de uma classe sobre outra, mesmo que com a melhor das intenções, pode não ser condição suficiente para levar a uma sociedade sem classes ou sem grupos privilegiados. As experiências do comunismo, do século XX, nos permite levantar tal questão. Pois, nem a coletivização dos meios de produção por ele realizada eliminou a existência de grupos privilegiados dentro daquela sociedade. Sobre este ponto, a lucidez da análise de Hobsbawm, sobre o fim do "socialismo real", é por demais reveladora. Em primeiro lugar, para o autor, o domínio do comunismo como ideologia se mostrou superficial, porque a "[...] aceitação do comunismo pelas 'massas' dependia não das convicções ideológicas ou outras semelhantes, mas de como julgavam o que a vida sob regimes comunistas faria por elas, e como comparavam sua situação com a de outros [...]" (HOBSBAWM, 1995, p. 480). Em segundo lugar, a única forma de organização governamental possível foi um "[...] tipo de socialismo de comando implacável e brutal [...]" (HOBSBAWM, 1995, p. 482); baseado na luta interna por poder e comando, e os privilégios a eles associados. E, em terceiro lugar,

> [...] mesmo onde os regimes comunistas sobreviveram e tiveram êxito, como na China, abandonaram a ideia original de uma economia única, centralmente controlada e estatalmente planejada, baseada em um Estado completamente coletivizado – ou uma economia de propriedade coletiva praticamente operando sem mercado [...] (HOBSBAWM, 1995, p. 481).

Portanto, os resultados das experiências comunistas no século XX, conforme, ainda, Hobsbawm, realizou-se "[...] a um custo humano enorme [...] uma economia sem saída e um sistema político em favor do qual nada havia a dizer [...]" (HOBSBAWM, 1995, p. 481).

> A juventude está sozinha
> Não há ninguém para ajudar
> A explicar por que é que o mundo
> É este desastre que aí está
> Eu não sei, eu não sei.
> **Aloha, Legião Urbana.**

5. A luta pela existência: sociedade *versus* natureza

Acreditamos por muito tempo que a razão seria a solução para a questão social, para humanização do ser social. Talvez porque seja a própria razão o que nos diferencia de outros animais. Mas, até os nossos dias, o uso da razão, mesmo com todo progresso científico proporcionado, não teve outro papel senão o de sofisticar a dominação e a exploração do homem pelo homem. Precisamos dar um passo além. Às vezes para dar um passo além precisamos dar dois passos para trás. Nesse caso, precisamos voltar até Darwin:

> [...] estou convencido que nos parecerão obscuros, ou serão totalmente mal interpretados, todos os fatos relacionados com a economia da natureza, com a distribuição, com a raridade, a abundância, a existência e a variação. Quando contemplamos a natureza a mesma nos parece brilhante e jubilosa quando em situação de superabundância de alimentos, mas não vemos, ou não imaginamos, que as aves que cantam alegremente ao nosso

redor vivem geralmente de insetos ou de sementes, e que assim estão constantemente destruindo a vida; ou comumente nos esquecemos de como é frequente serem esses pássaros cantores, e também seus ovos e filhotes, destruídos pelos predadores; tampouco trazemos na mente a lembrança de que, embora o alimento, no momento, seja abundante, nem sempre foi assim durante as estações do ano (DARWIN, 2005, p. 125).

Nesse sentido, conforme podemos interpretar de Darwin, a vida só é vida porque é destruição. Este último termo no nosso consciente está associado a tudo o que é contrário à vida. Mas na natureza, e talvez no nosso inconsciente, ele represente o fundamento da existência e da reprodução; como exposto de forma radiante por Darwin na citação anterior. Na natureza, existência e reprodução são de uma violência descomunal. Violência que significa dilacerar a presa e ir comendo sua carne às vezes enquanto ela ainda respira. Todavia, é a destruição da presa que assegura a existência e a reprodução do predador; a destruição da vida assegurando a existência de vida.

Na sociedade humana, existência e reprodução não estão diretamente relacionadas a destruição do outro como na natureza. Não precisamos matar o outro e comer, embora estejamos o tempo todo destruindo recursos. Mesmo porque, somos apenas variedades de uma mesma espécie e, até na natureza, a prática do canibalismo constitui mais uma exceção que uma regra. Muito embora, entre nós, isso também possa acontecer em situações extremas, como relatado na literatura e no cinema das mais variadas formas.

Ao longo do processo histórico de desenvolvimento da humanidade todas as sociedades foram constituídas numa dinâmica muito mais próxima da luta pela existência do que imaginamos. Até o presente nenhuma sociedade conseguiu eliminar tal luta do seio de sua estrutura. Este capítulo pretende expor de forma dramática, a partir de diversas obras, citações e comentários, a brutalidade dessa luta no capitalismo. É simplesmente impossível ler as passagens a seguir e não sentir um elevado grau de desconforto. O objetivo é que ao final possamos refletir sobre o caminho que temos de seguir como humanidade. Comecemos com o relato de Smith comparando a pobreza do povo chinês com a pobreza dos Europeus, no século XVIII.

> [...] A pobreza das camadas mais baixas do povo chinês supera de muito a das nações mais pobres da Europa. Nas adjacências de Cantão afirma-se que muitas centenas e até milhares de famílias não têm moradia, vivendo constantemente em pequenos barcos de pesca nas margens dos rios e dos canais. A subsistência que ali encontram é tão escassa, que ficam ansiosos por apanhar o pior lixo lançado ao mar por qualquer navio europeu. Qualquer carniça, por exemplo a carcaça de um cachorro ou gato morto, embora já em estado de putrefação e fedendo, é para eles tão bem-vinda quanto o alimento mais sadio para as pessoas de outros países. O casamento é estimulado na China, não porque ter filhos represente algum proveito, mas pela liberdade que se tem de eliminá-los. Em todas as grandes cidades, várias crianças são abandonadas toda noite na rua, ou afogadas na água como filhotes de animais. Afirma-se até que eliminar crianças é uma profissão reconhecida, cujo desempenho assegura a subsistência de certos cidadãos (SMITH, 1996, p. 123).

Na Europa, os resultados humanos da Revolução Industrial Inglesa apareciam tanto em relatórios oficiais quanto nos jornais diários. Do *Daily Telegraph* (Londres), de 17 janeiro de 1860, Max (2017, p. 317-318), extraiu o seguinte depoimento:

O sr. Broughton, *county magistrate* [magistrado municipal], declarou, como presidente de uma assembleia ocorrida na Câmara Municipal de Nottingham, em 14 de janeiro de 1860, que entre a população ocupada com a fabricação de rendas reina um grau de sofrimento e privação inéditos no restante do mundo civilizado [...]. Crianças entre 9 e 10 anos de idade são arrancadas de suas camas imundas às 2, 3, 4 horas da manhã e forçadas a trabalhar, para sua mera subsistência, até as 10, 11, 12 horas da noite, enquanto seus membros se atrofiam, seus corpos definham, suas faces desbotam e sua essência humana se enrijece inteiramente num torpor pétreo, cuja mera visão já é algo terrível. Não nos surpreende que o sr. Mallett e outros fabricantes se manifestem em protesto contra qualquer discussão sobre esse assunto [...]. O sistema, tal como o reverendo Montagu Valpy o descreveu, é de ilimitada escravidão, e escravidão em sentido social, físico, moral e intelectual [...]. O que se deve pensar de uma cidade que realiza uma assembleia pública para peticionar que a jornada de trabalho para os homens deve ser limitada a 18 horas? [...] Protestamos contra os plantadores de algodão da Virgínia e da Carolina. Mas seria seu mercado de escravos, com todos os horrores dos açoitamentos e da barganha pela carne humana, mais detestável do que essa lenta imolação de seres humanos que ocorre para que se fabriquem véus e colarinhos em benefício dos capitalistas?

Em outra passagem, Marx (2017, p. 320-321), segundo relato de J. Leach, mostra as condições e os resultados do trabalho realizado quase sem interrupção numa fábrica de papéis de parede:

No último inverno (1862), "6 das 19 moças foram dispensadas em decorrência de doenças provocadas por excesso de trabalho. Para mantê-las acordadas, tenho de gritar em seus ouvidos." W. Duffy: "Frequentemente, as crianças estavam tão cansadas que não podiam manter seus olhos abertos durante o trabalho; na verdade, nós mesmos quase não o conseguimos." J. Lightbourne: "Tenho

13 anos [...]. Durante o inverno passado, trabalhamos até as 9 horas da noite e, no inverno anterior, até as 10 da noite. No último inverno, quase todas as noites eu costumava gritar de dor em meus pés machucados". G. Aspden: "Quando este meu filho tinha 7 anos de idade, eu costumava carregá-lo nas costas para toda parte, atravessando a neve, e ele costumava trabalhar 16 horas por dia! [...] Frequentemente eu tinha de ajoelhar-me para alimentá-lo, enquanto ele permanecia junto à máquina, pois não lhe era permitido abandoná-la ou pará-la". Smith, o sócio-diretor de uma fábrica de Manchester: "Nós" (quer dizer, a "mão de obra" que trabalha para "nós") "trabalhamos sem interrupção para as refeições, de modo que o trabalho diário de 10 horas e meia é concluído às 4 e meia da tarde, e o que ultrapassa esse tempo é computado como hora extra". (Será verdade que esse sr. Smith fica sem refeições durante 10 horas e meia?) "Nós" (o mesmo Smith) "raramente paramos antes das 6 horas da tarde" (ele se refere ao consumo de "nossas" máquinas de força de trabalho), "de maneira que nós" (*iterum Crispinus* [Eis outra vez Crispino]), "na realidade, trabalhamos além da jornada normal durante todo o ano [...] Tanto as crianças quanto os adultos" (152 crianças e adolescentes menores de 18 anos e 140 adultos) "trabalharam igualmente, em média, durante os últimos 18 meses, um mínimo de 7 jornadas e 5 horas na semana, ou $78^{1/2}$ horas semanais. Nas 6 semanas que se completam em 2 de maio deste ano" (1863), "a média foi maior: 8 jornadas ou 84 horas na semana!

Ainda, do capítulo sobre a jornada de trabalho, do livro I de "O capital", ressoam outros relatos acerca do sobretrabalho, dessa vez no ramo de panificação.

O trabalho de um oficial padeiro londrino começa geralmente às 11 horas da noite. Nesse horário, ele faz a massa, um processo muito laborioso que dura de meia hora até 45 minutos, conforme o tamanho da fornada e seu grau de elaboração. Ele deita-se, então, sobre a tábua de amassar, que serve ao mesmo tempo como tampa da amassadeira onde é feita a massa, e dorme algumas horas tendo um saco de farinha sob a cabeça e outro a cobrir seu corpo. Em seguida, dá início a um frenético e ininterrupto trabalho de 5 horas: jogar a massa, pesá-la, modelá-la, levá-la ao forno, retirá-la do forno etc. A temperatura numa padaria varia de 75 a 90 graus, sendo ainda maior as pequenas padarias. Terminado o trabalho de feitura dos pães, pãezinhos etc., começa a sua distribuição, e uma porção considerável dos trabalhadores, depois de realizado o árduo trabalho noturno acima descrito, distribui ao longo do dia o pão em cestos, ou em carrinhos de mão, de porta em porta, muitas vezes trabalhando na padaria entre uma viagem e outra. A depender da estação do ano e do volume de negócios, o trabalho termina entre 1 e 6 horas da tarde, enquanto outros oficiais padeiros continuam ocupados na padaria até o fim da tarde". "Durante a assim chamada *London season*, os trabalhadores das padarias de West End que vendem pão a preço 'integral' começam a trabalhar regularmente às 11 horas da noite e se ocupam da panificação até as 8 horas da manhã seguinte, realizando apenas uma ou duas pausas bastante curtas. Em seguida, são encarregados da entrega do pão até 4, 5, 6 horas da tarde, e mesmo até 7 horas da noite, ou, às vezes, permanecem na padaria para a produção de biscoitos. Depois de concluído o trabalho, desfrutam de 6 horas de sono, mas, frequentemente, de apenas 5 ou 4 horas. Às sextas-feiras, o trabalho começa sempre mais cedo, cerca de 10 horas da noite, e prossegue sem interrupção, seja na preparação do pão, seja em sua distribuição, até as 8 horas da noite do sábado seguinte, mas, na maior parte das vezes, até as 4 ou 5 horas da manhã de domingo. Também nas padarias de luxo, que vendem pão por seu 'preço integral', os oficiais padeiros são obrigados a executar, aos domingos, 4 a 5 horas de trabalho preparatório para o dia seguinte [...]. Os oficiais padeiros que trabalham para '*underselling masters*'" (que vendem o pão abaixo de seu preço), "– e estes constituem, como observamos anteriormente, mais de 3/4 dos oficiais padeiros londrinos – têm jornadas de trabalho ainda mais longas, mas seu trabalho é quase inteiramente limitado ao interior da padaria, pois seus mestres, com exceção do fornecimento a pequenas mercearias, vendem apenas em seu próprio estabelecimento. Ao final da semana [...] isto é, na quinta-feira, o trabalho começa às 10 horas da noite e prossegue, apenas com uma ou outra pequena interrupção, até bem tarde no domingo à noite (MARX, 2017, p. 323-324).

Já, no setor ferroviário, a jornada podia chegar a 78 horas por semana aumentando as chances de acidentes "terríveis e fatais". Conforme citação de Marx (Marx, 2017, p. 327), do *Reynold's Paper*, de 21 de janeiro, de 1866.

[...] Na última segunda-feira, um foguista começou seu dia de trabalho muito cedo e o terminou após 14 horas e 50 minutos. Antes que ele tivesse tempo de ao menos tomar seu chá, foi chamado novamente ao trabalho. Assim, teve de trabalhar ininterruptamente por 29 horas e 15 minutos. No restante da semana, seu horário de trabalho foi o seguinte: na quarta-feira, 15 horas e 35 minutos; na sexta-feira, $14^{1/2}$ horas; no sábado, 14 horas e 10 minutos; total da semana: 88 horas e 30 minutos. [...].

No ano de 1863, um caso de grande repercussão nos jornais da Inglaterra e dos Estados Unidos, ocorreu no setor modista de Londres.

Nas últimas semanas de junho de 1863, todos os jornais londrinos trouxeram um parágrafo com a *"sensational"* manchete: *"Death from simple Overwork"* (morte por simples sobretrabalho). Tratava-se da morte da modista Mary Anne Walkley, de 20 anos de idade, empregada numa manufatura de modas deveras respeitável, fornecedora da Corte e explorada por uma senhora com o agradável nome de Elise. A velha história, muitas vezes contada, foi agora redescoberta e nos diz que essas moças cumprem uma jornada de, em média $16^{1/2}$ horas e, durante a *season*, chegam frequentemente a trabalhar 30 horas ininterruptas, quando sua evanescente "força de trabalho" costuma ser reanimada com a oferta eventual de xerez, vinho do Porto ou café. E estava-se justamente no ponto alto da *season*. Era necessário concluir, num piscar de olhos, os vestidos luxuosos das nobres damas para o baile em honra da recém-importada Princesa de Gales. Mary Anne Walkley trabalhara $26^{1/2}$ sem interrupção, juntamente com outras 60 moças, divididas em dois grupos de 30, cada grupo num quarto cujo tamanho mal chegava para conter 1/3 do ar necessário, enquanto à noite partilhavam, duas a duas, uma cama num dos buracos sufocantes onde tábuas de madeira serviam como divisórias de cada quarto de dormir. E essa era uma das melhores casas de moda de Londres. Mary Anne Walkley adoeceu na sexta-feira e morreu no domingo, sem que, para a surpresa da sra. Elise, tivesse terminado a última peça. O médico, sr. Keys, chamado tarde demais ao leito de morte, testemunhou perante o Coroner's Jury, com áridas palavras: "Mary Anne Walkley morreu devido às longas horas de trabalho numa oficina superlotada e por dormir num cubículo demasiadamente estreito e mal ventilado" (MARX, 2017, p. 327-328).

Ainda, em 1863, o Dr. Benjamin Ward Richardson, publicou um artigo na recém fundada *Social Science Review,* sobre as consequências do excesso de trabalho, intitulado *Work and Overwork*. Marx, utilizou-se de várias citações do Dr. Richardson para exemplificar os ramos da indústria inglesa sem limites à exploração. O sobretrabalho tanto estava diretamente relacionado à morte do trabalhador quanto ao roubo de anos de sua vida. A citação seguinte retrata a condição de vida e trabalho do ferreiro, conforme extraído por Marx (2017, p. 329), do artigo do Dr. Richardson.

Trabalhar até a morte está na ordem do dia, não apenas nas oficinas das modistas, mas em milhares de outros lugares; na verdade, em todo lugar em que o negócio prospera. [...] Tomemos como exemplo o ferreiro. Se nos é dado acreditar nos poetas, não existe nenhum homem tão cheio de vida e alegre quanto o ferreiro. Ele levanta cedo e já produz suas faíscas antes do sol; ele come, bebe e dorme como nenhum outro homem. Considerado do ponto de vista puramente físico, ele se encontra, por trabalhar moderadamente, num das melhores posições humanas. Mas se o seguirmos até a cidade, veremos a sobrecarga de trabalho que recai sobre esse homem forte e o lugar que ele ocupa na estatística de mortalidade em nosso país. Em Marylebone" (um dos maiores bairros de Londres), "os ferreiros morrem numa proporção anual de 31 por 1.000, ou 11 acima da média de mortalidade dos homens adultos na Inglaterra. A ocupação, uma arte quase instintiva da humanidade, irrepreensível em si mesma, converte-se, devido ao excesso de trabalho, em destruidora do homem. Ele pode dar tantas marteladas por dia, caminhar tantos passos, respirar tantas vezes, realizar tanto trabalho e viver em média, digamos, 50 anos. Mas ele é diariamente forçado a martelar tantas vezes mais, a caminhar tantos passos a mais, a respirar com mais frequência, e tudo isso faz com que seu dispêndio vital seja diariamente aumentado em 1/4. Ele cumpre a meta, e o resultado é que, por um período limitado, realiza 1/4 a mais de trabalho e morre aos 37 anos, em vez de aos 50.

Também foi motivo de preocupação na *Children's Employment Commission*, a implantação do sistema de revezamento, no decorrer de uma jornada diurna ou noturna de trabalho, inclusive com o trabalho de mulheres e crianças, meninos ou meninas.

Children's Employment Commission, "Fourth Report", cit., 85, p. XVII. A similares escrúpulos amáveis do sr. fabricante de vidro, segundo o qual seria impossível oferecer às crianças "horários regulares de refeições" porque, com isso, uma determinada quantidade de calor que os fornos irradiam se tornaria "puro prejuízo" ou seria "desperdiçada", responde o comissário de inquérito White, não como o responderiam Ure, Senior etc. e seus pequenos macaqueadores alemães, tais como Roscher etc., comovido com a "abstinência", a "renúncia" e a "parcimônia" dos capitalistas no gasto de seu dinheiro e com sua "prodigalidade" tamerlaniana no consumo de vidas humanas, mas, antes, com as seguintes palavras: "Uma certa quantidade de calor acima da que é atualmente usual poderia ser desperdiçada para que sejam garantidas refeições em horários regulares, mas mesmo em valor monetário isso não é nada se comparado com o desperdício de força vital (*the waste of animal power*) que hoje o reino sofre pelo fato de que as crianças em fase de crescimento empregadas nas vidrarias não têm nem um momento de paz para poder ingerir e digerir seus alimentos comodamente", ibidem, p. XLV. E isso em 1865, no "ano do progresso"! Abstraindo do dispêndio de força em erguer e carregar objetos pesados, tal criança caminha, durante a realização contínua de seu trabalho nas fábricas que produzem garrafas e *flint-glass* [vidro *flint*] de 15 a 20 milhas (inglesas) em 6 horas! E o trabalho dura frequentemente de 14 a 15 horas! Em muitas dessas fábricas vigora, como nas fiações de Moscou, o sistema de revezamento por turnos de 6 horas. "Durante o tempo de trabalho da semana, o mais longo período ininterrupto de descanso é de 6 horas, e dele tem de ser deduzido o tempo para ir à fábrica e voltar, lavar-se, vestir-se, comer, todas elas atividades que custam tempo. E assim resta, na verdade, apenas um tempo de descanso extremamente curto. Nenhum tempo para brincar e respirar ar puro, a não ser à custa do sono, tão indispensável a crianças que realizam um trabalho tão extenuante numa atmosfera tão quente [...]. Mesmo o breve sono é interrompido, seja porque a criança tem de acordar a si mesma de madrugada, seja porque é despertada por ruídos externos durante o dia." O sr. White apresenta casos em que um jovem trabalhou 36 horas seguidas; outro, em que meninos de 12 anos se extenuam até as 2 horas da manhã e, então, dormem nas fábricas até as 5 da manhã (3 horas!), para depois reiniciar sua jornada de trabalho! "A quantidade de trabalho", dizem Tremenheere e Tufnell, os redatores do relatório geral, "realizada por meninos, meninas e mulheres no decorrer de sua sequência diurna ou noturna de trabalho (*spell of labour*) é fabulosa", ibidem, p. XLIII, XLIV. Enquanto isso, o sr. Capital do Vidro cambaleia, talvez tarde da noite, voltando do clube para casa, "pleno de abstinência" e de vinho do Porto, a cantarolar idiotamente: "*Britons never, never shall be slaves!*" [ingleses jamais, jamais serão escravos!] (MARX, 2017, p. 336-337).

Na segunda metade do século XIX, embora o trabalho assalariado tenha dado o tom do processo de produção, o trabalho escravo também representava uma fonte expressiva de riqueza para alguns países. A exploração do trabalho, em muitos casos, ocorria através da própria destruição da vida humana, como se pode deduzir da seguinte citação, que Marx (2017, p. 339), extraiu do livro *The slave power*, do Sr. Cairnes, publicado em 1862.

> [...] os campos de arroz da Geórgia e os pântanos do Mississípi podem fatalmente exercer uma ação destrutiva sobre a constituição humana; no entanto, esse desperdício de vida humana não é tão grande que não possa ser compensado pelas abundantes reservas da Virgínia e do Kentucky. Precauções econômicas, que poderiam oferecer uma espécie de segurança para o tratamento humano do escravo, porquanto identificam o interesse do senhor em sua conservação, transformam-se, após a introdução do tráfico escravista, em razões para a mais extrema deterioração do escravo, pois, a partir do momento em que seu lugar pode ser preenchido por contingentes das reservas estrangeiras de negros, a duração de sua vida passa a ser menos importante do que sua produtividade enquanto ela durar. Por isso, é uma máxima da economia escravagista, em países importadores de escravos, que a economia mais eficaz está em extrair do gado humano (*human cattle*) a maior quantidade possível de trabalho no menor tempo possível.

Justamente nas culturas tropicais, nas quais os lucros anuais frequentemente igualam o capital total das plantações, a vida dos negros é sacrificada da forma mais inescrupulosa. É na agricultura das Índias Ocidentais, há séculos o berço de uma fabulosa riqueza, que milhões de indivíduos da raça africana têm sido devorados. É atualmente em Cuba, onde as rendas somam milhões e os plantadores são verdadeiros príncipes, que podemos ver, além da alimentação mais grosseira e da labuta mais extenuante e interminável, uma grande parte da classe escrava ser diretamente destruída a cada ano pela lenta tortura do sobretrabalho e da falta de sono e de descanso.

Segundo Marx (2017, p. 364), como já destacamos, a "[...] exploração da força de trabalho é o primeiro direito humano do capital." Uma "exploração civilizada e refinada", pois realizada a partir da própria ideia de liberdade, de relações sociais do tipo assalariada, ao invés de servis ou escravistas. Porém, não menos brutal. A "monstruosa taxa de mortalidade de filhos de trabalhadores em seus primeiros anos de vida", e suas causas, representa um exemplo do quanto a luta social pela existência, não estava muito distante da luta pela existência na natureza. Isso já no capitalismo consolidado como modo de produção.

Já mencionamos a deterioração física das crianças e dos adolescentes, bem como das trabalhadoras adultas, que a maquinaria submete à exploração do capital, primeiro diretamente, nas fábricas que se erguem sobre seu fundamento, e, em seguida, indiretamente, em todos os outros ramos industriais. Por isso, detemo-nos aqui num único ponto: a monstruosa taxa de mortalidade de filhos de trabalhadores em seus primeiros anos de vida. Na Inglaterra, há 16 distritos de registro civil que apresentam, na média anual, apenas 9.085 casos de óbito (em um distrito, apenas 7.047) para cada 100 mil crianças vivas com menos de 1 ano de idade; em 24 distritos, entre 10 e 11 mil; em 39 distritos, entre 11 e 12 mil; em 48 distritos, entre 12 e 13 mil; em 22 distritos, mais de 20 mil; em 25 distritos, mais de 21 mil; em 17, mais de 22 mil; em 11, mais de 23 mil; em Hoo, Wolverhampton, Ashton-under-Lyne e Preston, mais de 24 mil; em Nottingham, Stockport e Bradford, mais de 25 mil; em Wisbeach, 26.001, e em Manchester, 26.125. Como evidenciou uma investigação médica oficial em 1861, desconsiderando-se as circunstâncias locais, as altas taxas de mortalidade se devem preferencialmente à ocupação extradomiciliar das mães, que acarreta o descuido e os maus-tratos infligidos às crianças, aí incluindo, entre outras coisas, uma alimentação inadequada ou a falta dela, a administração de opiatos etc., além do inatural estranhamento da mãe em relação a seus filhos, que resulta em sua esfomeação e envenenamento intencionais. Já nos distritos agrícolas, "em que a ocupação feminina é mínima, a taxa de mortalidade é, ao contrário, a menor de todas". Porém, a comissão de inquérito de 1861 chegou ao resultado inesperado de que, em alguns distritos puramente agrícolas situados na costa do mar do Norte, a taxa de mortalidade de crianças menores de 1 ano quase alcançou a dos distritos fabris de pior fama. Isso fez com que o dr. Julian Hunter fosse incumbido de investigar esse fenômeno *in loco*. Seu relatório está incorporado ao "VI Report on Public Health". Até então, supunha-se que a malária e outras doenças típicas de áreas baixas e pantanosas eram as responsáveis pela dizimação das crianças. A investigação revelou exatamente o contrário, a saber: [...] com a revolução no cultivo do solo foi introduzido, com efeito, o sistema industrial (MARX, 2017, p. 471-472).

No capitalismo o processo de exploração da força de trabalho é apenas um dos aspectos da exploração do homem pelo homem. A dimensão total do processo exige o entendermos como uma forma de expropriação contínua, que parte de um tipo de relações sociais estreitamente relacionadas à luta pela própria existência. O próprio surgimento do capitalismo se expressa dessa forma.

> Na história da acumulação primitiva, o que faz época são todos os revolucionamentos que servem de alavanca à classe capitalista em formação, mas, acima de tudo, os momentos em que grandes massas humanas são despojadas súbita e violentamente de seus meios de subsistência e lançadas no mercado de trabalho como proletários absolutamente livres. A expropriação da terra que antes pertencia ao produtor rural, ao camponês, constitui a base de todo o processo [...] (MARX, 2017, p. 787).

> O roubo dos bens da Igreja, a alienação fraudulenta dos domínios estatais, o furto da propriedade comunal, a transformação usurpatória, realizada com inescrupuloso terrorismo, da propriedade feudal e clânica em propriedade privada moderna, foram outros tantos métodos idílicos da acumulação primitiva. Tais métodos conquistaram o campo para a agricultura capitalista, incorporaram o solo ao capital e criaram para a indústria urbana a oferta necessária de um proletariado inteiramente livre (MARX, 2017, p. 804).

Como Marx constatou, "a violência é uma potência econômica" e "parteira de toda sociedade velha que está prenhe de uma sociedade nova" (MARX, 2017, p. 821). O sistema colonial, por exemplo, foi um dos processos de mais brutal violência na trajetória da acumulação primitiva. Todavia, o capitalismo desde seu início, e de forma continuada, combina métodos econômicos (mercado) e métodos extraeconômicos (violência), no seu processo de reprodução e expansão. Nesse sentido, a acumulação primitiva, tanto faz parte da pré-história do capitalismo quanto da sua própria dinâmica de funcionamento.

Wood (2014), em seu livro "O império do capital", discutiu a relação entre a força econômica e extraeconômica no capitalismo, tanto na era clássica do imperialismo quanto no que ela denominou de "novo imperialismo". Como explica a autora, foi a Inglaterra a primeira a criar uma forma de imperialismo movido pela lógica do capitalismo; os imperativos capitalistas de competição, acumulação de capital e aumento da produtividade. Uma forma de imperialismo que vai além do domínio imperial ou da supremacia comercial, para incluir "armas inteiramente novas ao arsenal ideológico", como o liberalismo econômico e "[...] as concepções pseudobiológicas de raça, que excluíam certos seres humanos não simplesmente por lei, mas pela natureza, do universo normal da liberdade e igualdade" (WOOD, 2014, p. 83).

Para Hobsbawm (2002), a era clássica do imperialismo pertenceu ao período, entre 1875 e 1914, e constituiu um mundo onde os países "avançados" (o núcleo capitalista desenvolvido) dominaram os "atrasados". Teve como causa a rivalidade entre as economias industrialmente avançadas. O papel dos dominados apresentava-se sempre como uma contínua experiência de dependência e exploração. Por seu turno, Galeano, no seu livro clássico, "As veias abertas da América Latina", analisou esse processo desde o nascimento do novo mundo. Para ele "um equívoco de grandiosas consequências".

> Não tem sido a nossa história uma contínua experiência de mutilação e desintegração, disfarçada de desenvolvimento? Séculos atrás, a conquista arrasou os solos para implantar culturas de exportação e aniquilou as populações indígenas nos socavões das minas e nas lavagens para satisfazer a demanda de prata e ouro de ultramar. A alimentação da população pré-colombiana que conseguiu sobreviver ao extermínio piorou com o progresso

alheio. Em nossos dias, o povo do Peru produz farinha de peixe, muito rica em proteínas, para as vacas dos Estados Unidos e da Europa, mas as proteínas brilham pela ausência na dieta da maioria dos peruanos. A filial da Volkswagen na Suíça planta uma árvore para cada automóvel que vende, gentileza ecológica, ao mesmo tempo em que a filial da Volkswagen no Brasil arrasa centenas de hectares de matas que dedicará à produção intensiva de carne para exportação. Cada vez vende mais carne ao exterior o povo brasileiro, que raramente come carne. Darcy Ribeiro me dizia que uma *república Volkswagen*, no essencial, não é diferente de uma *república das bananas*. Para cada dólar que produz a exportação de bananas, apenas onze centavos ficam no país produtor, e desses onze centavos uma parte insignificante corresponde aos trabalhadores das plantações. Alteram-se as proporções quando um país latino-americano exporta automóveis? (GALEANO, 2019, p. 387)

O século XX, talvez tenha sido o século de maiores e mais amplas transformações já registradas na história humana. Seja através de eventos dramáticos como as duas guerras mundiais, a Revolução Russa, a Grande Depressão de 1929, ou pela Revolução Técnico-Científico-Informacional, nos anos 1970. Desta última, resultaram as novas configurações do capitalismo e de seu processo de acumulação de capital que, por sua vez, produziram esse "novo imperialismo", com novas formas de expropriação extraeconômica (acumulação por espoliação e expulsões, por exemplo), e uma nova corrida entre países pelo poder hegemônico mundial.

Quando Marx escreveu o capítulo maquinaria e grande indústria, no livro I do capital, ele asseverou que a maquinaria no modo de produção capitalista, nada mais era em seu fundamento, que um meio para a produção de mais-valor. Afirmação que continuou extremamente válida para os novos setores e novas formas de acumulação derivados da Revolução Informacional. Nesse contexto, continuamos mais próximos da luta pela existência, como no mundo animal, que verdadeiramente na direção de uma sociedade mais humana.

Além da leitura, agora podemos ver imagens, contextos, e ouvir depoimentos sobre os resultados dessa nova etapa mundial do capitalismo. Alguns documentários são surpreendentes. Destacamos o documentário austríaco o "Pesadelo de Darwin", de 2005, do Diretor Hubert Sauper, que retrata um verdadeiro processo de acumulação primitiva nas margens do Lago Vitória, o maior lago tropical do mundo, localizado na Tanzânia, nos anos 1960. Mais recentemente, em 2009, o famoso diretor Michael Moore, lançou o documentário "Capitalismo: uma história de amor", no qual retrata não só as repercussões econômicas e sociais da crise de 2008, como também o avanço: da mercantilização (inclusive da delinquência juvenil); da privatização e precarização do trabalho; enfim, de como, para o autor, o capitalismo derrotou a democracia. Por último a série de *streaming* "Rotten", especialmente os episódios da segunda temporada: a "guerra do abacate"; "águas turbulentas"; "doce negócio"; e "chocolate amargo". Nesse último episódio, por exemplo, foi retratada a miséria por trás dos pequenos produtores diretos fornecedores de cacau e o papel dos intermediários, diante de uma forma de produção que lembra em muito a dinâmica do setor têxtil da Revolução Industrial Inglesa, principalmente com a produção de matéria-prima em condições de escravidão. Um dos mais impressionantes episódios tratou da indústria da água engarrafada:

domínio de exploração de grandes corporações que atuam em detrimento da própria vida humana.

Neste século também, alguns autores como Saskia Sassen e David Harvey, retomaram o tema da acumulação primitiva nas atuais condições do capitalismo. Sassen, no seu livro "Expulsões", de 2014, tratou do que ela denominou de "novas lógicas de expulsão". O título de sua introdução já se apresenta bastante sugestivo, "a seleção selvagem". Para ela, essa nova fase do capitalismo avançado reinventou os mecanismos de acumulação primitiva, seja através de inovações que aumentaram a capacidade de extração de recursos naturais, resultando em extensões cada vez maiores de terras e águas mortas; seja através de operações complexas e de muita inovação especializada, relacionadas, por exemplo, a logística das terceirizações ou ao algoritmo das finanças, fazendo ressurgir formas extremas de pobreza e brutalização social.

> Enfrentamos um terrível problema em nossa economia política global: o surgimento de novas lógicas de expulsão. Nas duas últimas décadas, houve grande crescimento da quantidade de pessoas, empresas e lugares expulsos das ordens sociais e econômicas centrais de nosso tempo. Essa guinada em direção à expulsão radical foi possibilitada por decisões elementares em alguns casos; em outros, por algumas de nossas conquistas econômicas e técnicas mais avançadas. O conceito de expulsões leva-nos além daquela ideia que nos é familiar da desigualdade crescente como forma de entender as patologias do capitalismo global atual. Também põe em primeiro plano o fato de que algumas formas de conhecimento e inteligência que respeitamos e admiramos muitas vezes estão na origem de longas cadeias de transação que podem terminar em simples expulsões. (SASSEN, 2016, p. 9)

Já Harvey, em seu livro "O novo imperialismo", de 2003, descreveu o que ele denominou de "acumulação via espoliação". O termo espoliação foi utilizado pelo autor porque, no seu entender, as características da acumulação primitiva, descritas por Marx, ainda constituem um processo em andamento na geografia histórica do capitalismo. A citação seguinte contém alguns parágrafos do referido livro e sintetizam de forma precisa a acumulação primitiva em nosso tempo. Mas, principalmente, retratam a semelhança existente, mesmo como todo desenvolvimento técnico ocorrido desde a Revolução Industrial Inglesa, entre os processos naturais da luta pela existência, como descrito por Darwin, e os processos sociais de existência e reprodução da sociedade.

> [...] A expulsão de populações camponesas e a formação de um proletariado sem-terra tem se acelerado em países como o México e a Índia nas três últimas décadas; muitos recursos antes partilhados, como a água, têm sido privatizados (com frequência por insistência do Banco Mundial) e inseridos na lógica capitalista da acumulação; formas alternativas (autóctones e mesmo, no caso dos Estados Unidos, mercadorias de fabricação caseira) de produção e consumo têm sido suprimidas. Indústrias nacionais têm sido privatizadas. O agronegócio substituiu a agricultura familiar. E a escravidão não desapareceu (particularmente no comércio sexual). [...]
> O sistema de crédito e o capital financeiro se tornaram, como Lenin, Hilferding e Luxemburgo observaram no começo do século XX, grandes trampolins de predação, fraude e roubo. [...]
> A biopirataria campeia e a pilhagem do estoque mundial de recursos genéticos caminha muito bem em benefício de umas poucas grandes companhias farmacêuticas. A escalada da destruição dos recursos ambientais globais (terra, ar, água) e

degradações proliferantes de hábitats, que impedem tudo exceto formas capital-intensivas de produção agrícola, também resultaram na mercadificação por atacado da natureza em todas as suas formas. A transformação em mercadoria de formas culturais, históricas e da criatividade intelectual envolve espoliações em larga escala (a indústria da música é notória pela apropriação e exploração da cultura e da criatividade das comunidades). A corporativização e privatização de bens até agora públicos (como universidades), para não mencionar a onda de privatizações (da água e de utilidades públicas de todo gênero) que tem varrido o mundo, indicam uma nova onda de 'expropriação das terras comuns'. [...] A regressão dos estatutos regulatórios destinados a proteger o trabalho e o ambiente da degradação tem envolvido a perda de direitos. A devolução de direitos comuns de propriedade obtidos graças a anos de dura luta de classes (o direito a uma aposentadoria paga pelo Estado, ao bem-estar social, a um sistema nacional de cuidados médicos) ao domínio privado tem sido uma das mais flagrantes políticas de espoliação implantadas em nome da ortodoxia neoliberal. (HARVEY, 2004, p. 121-123)

Por fim, Žižek (2011, p. 18), argumenta que uma nova classe global, resultante do regime de acumulação capitalista com dominância financeira, tem contribuído para o estabelecimento de novas formas de *apartheid*. Conforme explica o referido autor:

Na China contemporânea, os novos-ricos construíram comunidades isoladas de acordo com o modelo idealizado de uma cidade ocidental 'típica'; perto de Xangai, por exemplo, há uma réplica 'real' de uma cidadezinha inglesa, com uma rua principal, *pubs*, uma igreja anglicana, um supermercado Sainsbury etc.; a área toda é isolada das cercanias por uma redoma invisível, mas nem por isso menos real. Não há mais hierarquia de grupos sociais dentro da mesma nação: os moradores dessa cidade vivem num universo em que, em seu imaginário ideológico, o mundo circundante da "classe baixa" simplesmente *não existe* [...] São

Paulo [...] ostenta 250 helipontos em sua área central. Para evitar o perigo de se misturar com gente comum, os ricos de São Paulo preferem utilizar helicópteros, de modo que, olhando para o céu da cidade, temos realmente a impressão de estar numa megalópole futurista do tipo que se vê em filmes como *Blade Runner* ou *O quinto elemento*: as pessoas comuns enxameando as perigosas ruas lá embaixo e os ricos flutuando num nível mais alto, no céu.

Este capítulo termina como começou. Apesar de passados 240 anos da primeira grande mudança técnica do trabalho humano: a revolução de produtividade realizada pela utilização de uma força motriz não humana. Poderíamos referenciar diversas formas de "apesar". Mas, basta destacar basicamente que todo desenvolvimento científico alcançado nesse período, em todas as esferas do conhecimento, aplicada e teórica, e jamais imaginado por qualquer sociedade anterior, não teve como destino a humanização. Muito pelo contrário, proporcionou uma contínua exploração, mesmo quando, intelectualmente, já havíamos alcançado o estágio de compreensão da diferença entre essas duas ideias.

> Dai-me de beber, que tenho uma sede sem fim
> Olhe nos meus olhos, sou o homem-tocha
> Me tira essa vergonha, me liberta dessa culpa
> Me arranca esse ódio, me livra desse medo.
> **A fonte, Legião Urbana.**

6. Necessidades sociais iguais, rendimentos monetários iguais, independentemente da função social

Em uma sociedade tão distópica como a nossa, a moralidade figura somente como mais uma forma de reificação. Além do fetiche da mercadoria e do fetiche do dinheiro, parece existir um outro fetiche no qual o objeto fetichizado é o próprio ser em suas relações sociais. Para apresentar o nosso argumento parafraseamos a exposição de Marx relacionada ao que as mercadorias diriam se pudessem falar. A nossa apresentação é a seguinte.

É possível que o nosso valor de uso enquanto ser (atributo de ser consciente e autônomo como ser social), tenha algum interesse para o capital. A nós e entre nós, como homens-coisa, o valor de uso em si não diz respeito, porque aceitamos que somos somente um meio para um fim, do capital. O que nos diz respeito reificadamente é o quanto podemos ser explorados (gerar mais valor); disso não reclamamos, pois de algum modo somos convencidos do sonho da riqueza abstrata que nos espera no fim do arco-íris. Porém, nossa própria circulação, como coisas-mercadorias, nos afasta e nos condena a uma alienação perpétua, tanto no plano vertical quanto no horizontal. O primeiro, diz respeito a alienação da relação capital/trabalho. O segundo, retrata a alienação entre nós, indivíduos-coisa, que nos relacionamos uns com os outros apenas como valores de troca, como indivíduos abstratos, cada vez mais individualizados e bestializados pelas novas tecnologias, em qualquer nível de nossas interações sociais. Aguardamos apenas as ordens do capital (simbolizando o homem-homem, o verdadeiro, o caminho), emitidas para poucos de nós que permaneceremos coisas, aqueles de nós não chamados, nem coisas podemos mais ser. Dito isso, anunciamos o surgimento de uma nova economia; a economia da inutilidade.

A fetichização do homem acontece quando as relações sociais entre os mesmos são mediadas pelo homem como não *ser*, como coisa, o homem-coisa, alienado, bestializado e coisificado, tanto pela relação capital/trabalho quanto pelas relações sociais no próprio mundo do trabalho, bem como em todas suas outras interações sociais. Esse fetiche faz parte dos resultados humanos da Revolução Técnico-Científico-Informacional. Especificamente o de promover um processo incessante de fetichização do homem ao lhe proporcionar uma falsa sensação de autonomia, liberdade e de autoconhecimento. O texto original de Marx é o seguinte:

> Se as mercadorias pudessem falar, diriam: é possível que nosso valor de uso tenha algum interesse para os homens. A nós, como coisas, ele não nos diz respeito. O que nos diz respeito materialmente [*dinglich*] é nosso valor. Nossa própria circulação como coisas-mercadorias [*Warendinge*] é a prova disso. Relacionamo-nos umas com as outras apenas como valores de troca (MARX, 2017, p 128).

Um novo padrão de sociabilidade/civilidade que nos afaste da luta pela existência, e das interações sociais tóxicas resultantes desse novo estágio do capitalismo, e nos aproxime da ideia de humanidade, somente será possível a partir de um novo princípio: dos **rendimentos monetários iguais para necessidades sociais iguais, independentemente das funções sociais**. Para tanto, precisamos formar uma nova consciência, para um novo paradigma, no qual sejam eliminadas, inicialmente, as ideias de **meritocracia** e **plutocracia**. No estágio atual do conhecimento humano, no qual as funções sociais são plenas de sentido, no qual existe um grande alcance da educação e da formação intelectual, embora de forma bastante desigual, essa parece ser uma ideia possível.

Nesse capítulo e no próximo, apresentamos em linhas muito gerais, algumas sugestões para tal empreitada. O desenvolvimento e a implementação de outras formas de humanização ficarão a cargo do leitor, de gestores ..., enfim, dos diversos atores sociais, como um exercício de imaginação, mudança de consciência e ação.

Comecemos com um exemplo prático. Utilizamos informações do portal da transparência do Ceará referentes a Instituição de Ensino Superior I.E.S. Em dezembro, de 2020, em termos de servidores ativos, esta I.E.S. contava com 764 matrículas e um total de R$ 6.312.001,24, em pagamento de salários. A distância entre o menor salário (R$ 1.066,04) e o maior salário (R$ 27.232,44), era de 27 vezes. Significa dizer que o salário de 01 funcionário equivale ao de 27, ou em termos de valor de troca, 01 humano vale por 27, segundo a lógica da economia vulgar. Existem distâncias exponencialmente maiores nos setores financeiros modernos. Por exemplo, o salário de um CEO, maior cargo hierárquico de uma grande empresa, que inclui o salário mensal e também bônus e outras vantagens, pode chegar fácil a R$ 46,880 milhões anuais. Esta foi justamente a remuneração do diretor-presidente do Itaú Unibanco, em 2018. Comparado ao menor salário da I.E.S, mesmo o de 2020, em valores mensais, representa, simplesmente, uma diferença de 3.665 vezes. Considerando agora, o salário de um Doutor da referida I.E.S., professor no último nível de progressão, o salário mensal de um CEO equivale ao de 216 doutores. Dificilmente encontraremos justificativa moral aceitável para essa realidade perversa do capitalismo.

    Voltemos para I.E.S. A lógica corrente de remuneração é que o professor, porque passou mais tempo estudando, deve obter um rendimento diferenciado; o sistema da meritocracia. Todavia, um auxiliar de serviços gerais, o funcionário que tem o menor salário, do ponto de vista social, tem as mesmas necessidades que o professor. Ora, parece plausível que o que tem de ser diferente é a forma de ingresso de ambos no serviço público, não os rendimentos; já que ambos têm necessidades sociais iguais, que somente podem ser satisfeitas de igual forma através de rendimentos monetários também iguais. A discussão sobre a questão do incentivo, de que com salários iguais ninguém escolheria determinadas funções sociais, é uma discussão para outro momento. O que podemos adiantar para uma reflexão do leitor é que diferenças intelectuais e físicas podem adequar pessoas e funções, em lugar da diferença de remuneração.

Imaginemos agora, que a partir de encontros e discussões entre os funcionários daquela I.E.S., houvesse uma mudança de consciência, e que existisse um mecanismo legal no qual à administração superior, de acordo com a vontade geral estabelecida, solicitasse ao governo do estado do Ceará igualizar a remuneração de todos. Existem duas formas de observar o resultado dessa mudança. Uma forma pessimista, própria da economia ortodoxa, na qual estaríamos piorando a situação de um para melhorar a situação de outro, situação que vai contra a alocação ótima de recursos (que situação ótima, na qual 01 pessoa vale por outras 27).

A outra forma de observar é entendendo o processo como resultado de uma nova lógica, uma nova razão, uma razão verdadeiramente humana. Pois, fundada não só na ficção da igualdade jurídica, mas na igualdade econômica. Significando, assim, uma transformação radical na estrutura econômica da sociedade, ou seja, nas relações sociais de produção. Em termos práticos, se o salário de todos for igualado a partir da divisão do total de salários pelo número de matrículas, o valor médio seria de R$ 8.261,78. De forma geral, a ideia não está relacionada ao rebaixamento salarial e, sim, com a procura de um nível médio de remuneração adequado para satisfação das necessidades de todos e de cada um de forma mais igualitária, sejam elas provenientes do estômago ou da imaginação, como diria Marx. Imagine agora, que todas as instituições do tipo realizassem o mesmo procedimento. E ainda, que tal iniciativa fosse estendida para todas as esferas da administração pública, envolvendo todas as instituições e órgãos, do executivo, do legislativo e do judiciário. Existiriam ainda, diferentes salários médios pelos diversos setores, bem como a complexidade de estabelecer padrões médios de remuneração que refletissem diferentes custos de vida entre cidades grandes e pequenas, por exemplo.

A média citada acima, calculada por instituição, funciona apenas para ilustrar tanto um indicador de igualdade econômica quanto uma ação política na busca dessa igualdade. Destarte, seja muito mais adequado igualar a remuneração por uma medida mais geral. Dessa perspectiva, o PIB *per capita* poderia funcionar como um indicador de rendimento médio geral, passando de uma ferramenta limitada, para medir o padrão de vida, a uma medida de distribuição da riqueza produzida, a ser alcançada via sua operacionalização como renda *per capita* (mas que considere tanto aspectos de desigualdade social quanto de concentração de renda). A título de ilustração, o PIB *per capita* brasileiro, em valores correntes, foi de R$ 33.593,82, em 2018.

Tomamos como exemplo uma Instituição de Ensino Superior, porque, primeiro, é o lugar onde trabalho. Segundo, porque como lugar formador de conhecimento, nada mais ideal para começar uma mudança radical nas relações sociais. Esse movimento de mudança vai muito mais além da mera remuneração igual, pois avança em direção da anulação do fetichismo do dinheiro e da mercadoria. Acreditamos que essa mudança pode ter mais chance de começar pelo serviço púbico (universidades, prefeituras, governos estaduais e federal, embaladas através das lutas dos movimentos e organizações sociais). No entanto, quando a remuneração monetária é realizada pelo setor privado, uma série de problemas de diferentes ordens está associada a tal mudança. Precisaremos de muita imaginação e ação para ir resolvendo tal problemática, como sugerimos mais adiante. Adiantamos que nesse caso o que precisa ser desmantelado é a plutocracia.

Atingimos um nível de sofisticação técnica e produtiva jamais imaginado por qualquer pensador, cientista ou artista. Realmente temos um sistema produtivo e de comunicação integrado em nível mundial. Podemos agora pensar em uma produção e distribuição em nível planetário. Entretanto, vivemos em um mundo dominado pela plutocracia. Hoje, a partir da Revolução Informacional, podemos pensar verdadeiramente numa comunidade mundial, na qual as forças produtivas sejam em favor da humanização e não contra a humanidade. Parece um pensamento um tanto ingênuo, mas talvez essa seja nossa última chance, diante do desastre no qual estamos mergulhados. Precisamos racionalizar sobre uma nova propriedade privada, um novo processo de acumulação, um novo Estado (sua configuração e papel), e sobre a necessidade, urgência e possibilidade de um governo mundial.

O Estado, nessa nova etapa do capitalismo, está marcado pelo "[...] aprofundamento mundial da desigualdade econômica, a erosão global do bem-estar social e a penetração planetária das indústrias financeiras [...]" (APPADURAI, 2010, p. 29). A respeito do seu papel, por exemplo, Bauman (2019, p. 48), fala de uma "[...] desativação gradual mas inexorável das instituições de poder político [...]", Appadurai (2019, p. 30), de "fadiga da democracia", e Geiselberger (2019, p. 10), de "[...] 'securitização' (*securitization*) e de política simbólica pós-democrática [...]". De forma geral, para esses autores, passamos a conviver num contexto de incapacidade política de tratar os problemas globais (desigualdade econômica, migração, terrorismo, etc). Contexto também associado a transformação da cultura em palco de soberania que termina por produzir líderes populistas autoritários, visto que a soberania econômica não cabe mais dentro da soberania nacional. Estes, por sua vez, "[...] prometem a purificação da cultura nacional como via de poder político global [...]" (APPADURAI, 2019, p. 25). E, ainda, vivemos a transformação do debate político democrático em uma via de "saída" da própria democracia; porém, mantendo a configuração de Estado e de poder inalteradas, criando assim, um verdadeiro simulacro de democracia ou uma democracia às avessas. Quem são os ganhadores e quem são os perdedores de tal processo?

> [...] Os principais vencedores são financistas extraterritoriais, fundos de investimento e operadores de commodities de todos os tons de legitimidade; já os principais derrotados são a igualdade econômica e social, os princípios da justiça intra e inter-Estados, além de grande parte, provavelmente uma maioria crescente, da população mundial. (BAUMAN, 2019, p. 48)

O outro lado da moeda é a configuração do Estado. O problema da configuração está relacionado a concentração de poder por ela gerada. Tomemos como exemplo as democracias presidencialistas. A repartição de poderes, entre executivo, legislativo e judiciário, é um aspecto fundamental da democracia, mas nem mesmo seus mecanismos de pesos e contrapesos foram capazes de evitar a dramática situação acima descrita. Precisamos urgentemente de uma nova configuração de Estado que resulte numa nova configuração de poder na sociedade, em todos os níveis de governo, local, regional e nacional. Nesse aspecto trataremos apenas do poder executivo, presidência e ministérios, sendo que as sugestões servem para todos os outros níveis de governo.

Comecemos pelo presidente (se aplica também a prefeito e governador). Por que razão uma única pessoa deve comandar um país inteiro? Por que devemos nos sujeitar a governos que não representem os interesses sociais? Por que ainda nos sujeitamos a eleger e aceitar governantes do tipo de Trump ou de Bolsonaro, por exemplo? Por que não eleger no lugar destes um conselho governamental com assento para os setores representativos da sociedade? Qual seria o seu papel? Pensar e formular políticas para a execução por parte dos ministérios, bem como atender as demandas ministeriais. Com qual meios? Um quadro técnico permanente selecionado, via concurso público, para transformar soluções políticas em soluções técnicas. Qual seria o papel dos ministérios? Por que de quatro em quatro anos se trocam os ministros e suas equipes? Se pensarmos nos ministérios, a partir de suas atividades e funções, podemos concluir que a única resposta válida para a última pergunta está relacionada ao poder discricionário (barganhas de poder por elevados cargos e todas as formas de corrupção daí derivadas). Imaginemos agora uma situação diferente, na qual o ministério, ou outro órgão governamental, seja estruturado completamente a partir de concurso público e no qual, também, sua direção seja exercida por um conselho formado por funcionários de carreira (sem indicações políticas ou de representação de partidos políticos). O papel dos ministérios continuaria o mesmo: elaboração de planos, projetos e sua execução. Talvez, se conseguíssemos implantar um executivo nessa perspectiva pudéssemos também ter alguma esperança na democracia novamente: uma verdadeira revolução democrática. Claro como o dia que nesse processo precisamos considerar o papel do legislativo e do judiciário para a construção e manutenção do equilíbrio democrático. Tema que não desenvolveremos neste livro.

> E até lá, vamos viver
> Temos muito ainda por fazer
> Não olhe pra trás
> Apenas começamos
> O mundo começa agora
> Apenas começamos.
> **Metal contra as nuvens, Legião Urbana.**

7. Contra a meritocracia e a plutocracia

No capítulo anterior vimos como a propriedade privada capitalista gera acumulação incessante de capital e como este amplifica e aprofunda um processo autogerador de desigualdades econômicas inter-relacionadas e que se reforçarem mutuamente (desigualdade de gênero, de raça/etnia, de classe social e de região geográfica). Como a associação entre propriedade privada e acumulação representa o cimento da forma capitalista de geração contínua de exploração e desigualdade. E, ainda, como a produção capitalista representa uma forma de sociabilidade/civilidade fetichizada. Todavia, esse incessante processo de acumulação nos alçou a um grau de desenvolvimento científico tal que, através dele, temos a capacidade e a chance de nos reinventar enquanto humanidade. Quem poderia imaginar o computador, os algoritmos, as redes sociais, e tudo mais que realiza o mundo novo da informação e da computação. Nenhum aspecto, seja da natureza ou da sociedade, ficou de fora das transformações desencadeadas por essas novas tecnologias. Até o momento, elas têm sido utilizadas para reforçar, amplificar e perpetuar a forma de sociabilidade/civilidade por nós historicamente construída. Em uma palavra, elas são as mais poderosas ferramentas já criadas para alavancagem do processo de acumulação capitalista. É a razão mais avançada já produzida pela razão humana. Um tipo de clímax das forças produtivas como diria Marx. E, é justamente nesse clímax das forças produtivas que pode operar uma nova revolução. Porque somente com esse instrumental torna-se possível a superação de comportamentos dualistas, tais como: dominação/dependência, exploração/desigualdade, riqueza/pobreza, exclusão/discriminação.

As bases dessa revolução assentam-se na extinção da propriedade privada e da acumulação. Historicamente, esse foi o motivo da revolução comunista e, como mostrou a história, mesmo essa revolução não foi capaz de gerar um outro processo diferente de humanização. A nova revolução exige uma nova dialética, na qual continue existindo a propriedade privada, mas ao mesmo tempo não exista propriedade privada, para fins de acumulação individual. Na qual exista acumulação, mas ao mesmo tempo não exista acumulação, como objetivo de um indivíduo em detrimento da coletividade. Isso porque a propriedade privada é a própria individualidade humana, ela não pode ser subsumida ou simplesmente deixar de existir. Ao mesmo tempo, a propriedade privada não pode servir como instrumento de dominação e exploração, por isso ela deve ficar circunscrita a idiossincrasia de cada ser social, todavia, dentro dos limites de uma sociabilidade/civilidade, mais humana e menos mercadorizada. Da mesma forma, não pode existir sociedade sem acumulação, sem produção de excedente, de grandes somas de capital para grandes investimentos, mas a acumulação não pode ser privada. Portanto, precisamos criar os meios para assegurar ao mesmo tempo, a existência e não existência da propriedade privada, e a existência e não existência da acumulação. Para tanto, deverá existir uma nova relação entre o homem e o dinheiro, mediada pelas novas tecnologias do século XXI. Não para amplificar o capital e a acumulação privada, muito pelo contrário, para nivelar os homens em suas relações e interações sociais.

O que precisamos entender é que toda realidade histórica vivida até hoje teve como base a luta pela existência. O alcance do desenvolvimento da nossa razão parece ainda não ter produzido uma razão da razão humana. Talvez tenhamos atingido a capacidade material para tal feito apenas nessa etapa de nosso desenvolvimento histórico; contraditoriamente, como é próprio do ser humano, já no limite civilizacional de nossa existência no planeta. Pois, somente nessa quadra histórica temos as ferramentas produtivas e tecnológicas adequadas, do ponto de vista das informações, de seu processamento, das formas de administração, em todos os domínios que constituem a totalidade social. Finalmente, nesse período temos o poder para igualizar os homens e, ao mesmo tempo, manter as suas diferenças. Eliminar a ideia de heróis e vilões, tornar a administração pública social, dar a empresa privada um caráter realmente social, ao contrário da ideia central da acumulação pela acumulação do capitalismo. A liberdade que possibilita a um homem concentrar riqueza e poder sem medida, e utilizá-los da forma que bem entender, não pode ser uma verdadeira liberdade. Esta tem de vir, necessariamente, da superação da ideia de luta pela existência, no âmbito das relações e interações sociais, arraigada desde os tempos imemoriais em nossa consciência. Uma consciência realmente social não é compatível com a luta pela existência como observada na natureza. Ou a nossa natureza se torna diferente ou não nos tornaremos plenamente humanos. Dessa forma, a liberdade humana exigirá um sacrifício monumental: a negação de nossa própria origem, nossa primeira natureza, nossa natureza animal, fundada na luta pela existência e impressa em nossa consciência, através de três aspectos: o medo da brevidade temporal da vida e o comportamento oportunista dele resultante; a incerteza permanente de cada dia; e a racionalidade limitada para distinguir o que pode dar certo do que não pode.

Parece paradoxal falar ao mesmo tempo em liberdade e sacrifício. Mas, se por liberdade entendermos que todos os seres humanos são semelhantes, na qualidade de ser social, que possuem as mesmas necessidades, do ponto de vista social; parece apropriado pensar que a única forma de liberdade que podemos conceber, como seres humanos, seria a da equivalência econômica, entre cada um e entre todos. Para tanto, qualquer forma de propriedade privada que promova a acumulação incessante de riqueza, também de forma privada, é por si só incompatível com a ideia de liberdade. É, nesse sentido, que a liberdade exige sacrifício e, nesse sentido, também, que o processo de humanização exige uma forma de superar a luta pela existência no seio da sociedade e entre todas as sociedades. Sem essa racionalização, todos os revolucionamentos no capitalismo ou em qualquer outro sistema, talvez nunca permitam a verdadeira emancipação humana. Porque essa emancipação não é apenas do ser em relação à natureza, mas, principalmente, do ser na sua luta pela existência contra os outros seres humanos, ou seja, nas suas relações e interações sociais. Para tanto, torna-se fundamental eliminarmos da existência social a meritocracia e a plutocracia, como afirmado anteriormente. A ideia é simples, mas seu desenvolvimento e aplicação, em nível social, pode ser, no mínimo complexo, e dependendo da disposição social, poderá nunca ser colocada em prática: rendimentos iguais para necessidades sociais iguais. Para dar conta dessa ideia sugerimos o termo econocracia, base e fundamento de outra ideia, a sociocracia.

O termo econocracia não é novo, mas a nossa interpretação é totalmente oposta ao da sua ideia original. Esta se refere a um mundo governado por uma ciência econômica de linguagem hermética, inacessível as pessoas comuns. No qual as decisões políticas e as políticas sociais são pautadas pela aplicação de instrumentos quantitativos, ou seja, as pessoas entram apenas *inputs* para as equações do sistema. De acordo com os autores Earle, Cahal e Ward (2016), a econocracia seria o sistema político que governa a maioria dos países atualmente, numa redução da política e do sistema político aos estreitos limites da economia neoclássica. Muito pelo contrário, a nossa ideia de econocracia está relacionada a rendimentos iguais para necessidades sociais iguais, ou seja, a completa eliminação do sistema meritocrático na sociedade. Por seu turno, a econocracia seria o fundamento da sociocracia.

Este também não é um termo novo. O seu uso data da década de 1850, e foi realizado pelo filósofo francês Auguste Comte. Mas, seu significado atual data da década de 1940, como descreve Koch-Gonzalez e Rau (2019). Existe uma gama de variações da sociocracia, mas de forma geral todas referem-se a modelos de governança. A nossa interpretação da sociocracia leva em consideração a configuração do Estado, como descrita no capítulo anterior. Considera também, que qualquer modelo de governança, seja para empresas ou governos, só ocorrerá com justiça e liberdade, na hipótese de rendimentos iguais, ou seja, na hipótese da econocracia.

Se as necessidades humanas, do ponto de vista social, são iguais, por que os rendimentos pessoais ou familiares são tão desiguais? Ao longo da história humana foi necessário muito pioneirismo, heroísmo e originalidade, para fazer surgir a agropecuária moderna, a fábrica, a escola, o hospital etc. Destacamos estes sistemas por suas referências da ótica da produção, educação e saúde, e, também, como elementos fundamentais da existência social, representantes de uma totalidade social. Entretanto, a propriedade privada e a acumulação de capital, como fundamentos dessa totalidade, nos legaram um mundo contraditoriamente associal, antissocial e ambientalmente insustentável. Para a econocracia funcionar precisamos nos concentrar nas funções sociais dos sistemas acima mencionados. Portanto, há de se pensar novas formas jurídicas para dar conta das nuances que envolvem a problemática dos rendimentos iguais na esfera privada da economia.

Do ponto de vista econômico, qualquer empresa ou entidade que se organize como tal, constitui-se num montante de receita, de despesa, desgaste ou depreciação, e necessidade de investimento (renovação, ampliação, modernização). O resultado que aparece dessa equação deverá ser o rendimento dos participantes, que deverá ser igual, independentemente de seu grau de instrução, cargo, função, tempo de empresa etc. Podemos, agora, estender esse raciocínio para um setor econômico e para estrutura produtiva de uma região, de um país, e até do mundo.

Nessa nova forma, o individual se torna coletivo sem deixar de ser individual, e o coletivo se torna individual sem deixar de ser coletivo. O instrumento de tal mudança é o mesmo da acumulação incessante e da relação capital, e não poderia ser diferente. O que foi separado pelo dinheiro somente pelo dinheiro retornará à unidade. A econocracia como base social e a sociocracia, como forma de organização política, de acordo com o capítulo anterior, tornará possível eliminar o fetiche da mercadoria, do dinheiro e do próprio ser social. Um resumo das sugestões desse capítulo e do anterior são pontuadas a seguir.

1) Igualização de rendimentos para todos;

2) Acumulação para fins coletivos e não mais como meta do indivíduo ou de grupos;

3) Favorecimento da produção de bens públicos em detrimento da produção para fins de acumulação privada;

4) Ações, títulos, e demais formas de participação em empreendimentos terão funções sociais e não serão objetos de acumulação e fortuna pessoal (eliminação do rentismo);

5) Transição da organização privada das empresas, do sistema produtivo, enfim, de toda base econômica e de negócios da sociedade, para uma gestão sociocrática;

6) Administrações governamentais, no caso do poder executivo, serão exercidas através de conselhos dirigentes, eleitos democraticamente pelo povo. Secretarias e ministérios serão constituídos exclusivamente por quadro técnico selecionado via

concurso público. Designações políticas se tornaram desnecessária. A sua direção será eleita a partir do seu quadro profissional (o mesmo se aplica para os poderes do judiciário e do legislativo);

7) Formação de um governo mundial para pensar, desenvolver e implantar formas de econocracia e de sociocracia.

Posto isto, considerando o desprezo do capitalismo pela existência dos povos, pelos conteúdos da vida, pela destruição da natureza e do ser, precisamos formular um novo enfoque para o desenvolvimento, que tenha como centro e fundamento a vida humana e seus conteúdos, não como mera retórica, mas como sentido último.

Para tanto, a vida humana precisa assumir a dimensão de um equivalente geral, em nível global, com força para sobrepujar outro equivalente geral, o dinheiro, em uma concretude que torne comum e igual o valor da vida para cada um e para todos, isto é, na produção do espaço. A vida humana entendida enquanto direito de existência igual para todos, direito ao resultado da produção social, da distribuição da produtividade do trabalho; tendo em consideração que cada vida humana tem o mesmo valor social. Todavia, para trilharmos esse caminho torna-se necessário o despertar de uma nova consciência global. Esta consciência tem como ponto de partida a ideia de que nenhum homem deve subjugar outro, seja por raça, riqueza ou poder. Nessa perspectiva, a limitação das grandes fortunas, dos supersalários, a imposição de limites sociais à propriedade privada, podem representar o primeiro passo nessa direção.

Precisamos enfim, reconhecer que a vida individual e a vida coletiva não são diversas, pois derivam da mesma substância: o ser social. Insistimos que, em um primeiro momento, haja a institucionalização de normas e leis que limitem supersalários e equalizem rendimentos, rendas e patrimônios, de forma que as relações de reprodução sejam conformadas por controle social e não pelas leis da acumulação capitalista. A partir dessa consciência poderá se obter uma certa solidariedade contra a acumulação pela acumulação, contra o desmonte social do capitalismo digital-financeiro, e contra a destruição da mãe terra. Algo, assim, como uma desmercadorização das relações de reprodução e, consequentemente, da cidade, da política, da cultura, da natureza e do próprio ser social. Evidentemente, semelhante caminho não pode ser de uma região ou nação, mas tem de ser orquestrado de forma global. Para Žižek (2012, p. 334),

> [...] é ilusório esperar mudar de fato a situação, "ampliando" a democracia para a esfera econômica (digamos, reformulando os bancos para que sejam submetidos ao controle popular) [...]. Por mais radical que seja nosso anticapitalismo, nos processos "democráticos" (que podem ter um papel positivo, é claro), as soluções são buscadas apenas por meio dos mecanismos democráticos que fazem parte dos aparelhos ideológicos do estado "burguês" que garante a reprodução imperturbada do capital [...], a aceitação dos mecanismos democráticos como se constituíssem o único arcabouço para todas as mudanças possíveis [...] impede a transformação radical das relações capitalistas.

Todavia, a mudança tem de começar em algum lugar. Nesse contexto, como afirmamos anteriormente, a Universidade parece um lugar bastante promissor. Pode, por exemplo, animar e participar junto de movimentos e organizações sociais nas lutas democráticas necessárias, inclusive desafiando governos, para a implementação de instrumentos e medidas adequadas para uma nova ordem social.

Quando em algum lugar perdemos as nossas utopias, também perdemos o sentido do que é "ser humano". É urgente, pois, resgatar esse sentido. Como afirma, Altvater (2010, p. 334), "[...] a utopia concreta está presa com âncoras pesadas no fundo real da sociedade capitalista [...]", reificada, fetichizada nas relações de reprodução. É preciso resgatar a utopia, resgatar um sentido de humanidade, um fundamento comum pelo qual lutar. Até o momento, nem as teorias do desenvolvimento econômico, nem o aprofundamento da questão ambiental e suas soluções parcelares, conseguiram chegar ao âmago dessa questão. Justamente porque não tocaram no ponto fundamental: a monstruosidade das relações de reprodução no capitalismo contemporâneo. É preciso desfazer estes e outros mitos em direção a uma "utopia realizável".

Será que podemos estabelecer essa nova utopia, tendo como fundamento que a reprodução das relações sociais não foi nem é "natural" ou "normal"? Será que ainda não percebemos a necessidade de colocar tal reprodução sob controle social, para além dos mecanismos de mercado? Será que deixaremos o século XXI produzir uma proletarização global, a destruição do ser e da natureza? Para Žižek (2011, p. 83), "corremos o risco de perder tudo: a ameaça é que sejamos reduzidos a sujeitos abstratos vazios de todo conteúdo substancial, despossuídos de nossa substância simbólica, nossa base genética fortemente manipulada, vegetando num ambiente inóspito". Resta-nos a esperança de uma nova consciência (novas relações e interações sociais), uma nova política, um novo Estado, uma nova forma de propriedade, novas relações entre nações, uma nova *práxis* social; que em algum momento, torne evidente a equivalência da vida de cada ser social em qualquer espaço-tempo no planeta. Será um despertar diante dessa grande degeneração, do ponto zero apocalíptico, da possibilidade da destruição do ser social e da mãe-terra, será a nossa última revolução: uma revolução econômica.

Uma palavra final para os leitores. Comecemos já, antes que o capitalismo nos destrua, essa nossa última

REVOLUÇÃO!

8. Referências

ALTVATER, Elmar. O fim do capitalismo como o conhecemos: uma crítica radical do capitalismo. Rio de Janeiro: Civilização Brasileira, 2010.

ANDERSON, Perry. Linhagens do Estado absolutista. São Paulo: Editora Unesp, 2016.

APPADURAI, Arjun. Fadiga da democracia. In: APPADURAI, Arjun *et al.* A grande regressão: um debate internacional sobre os novos populismos e como enfrentá-los. São Paulo: Estação Liberdade, 2019.

BAUMAN, Zygmunt. Sintomas à procura de um objeto e um nome. In: APPADURAI, Arjun *et al.* A grande regressão: um debate internacional sobre os novos populismos e como enfrentá-los. São Paulo: Estação Liberdade, 2019.

BRAGA, José Carlos de Souza. Financeirização global: o padrão sistêmico de riqueza no capitalismo contemporâneo. In: TAVARES, Maria da; FIORI, José Luís. Poder e dinheiro: uma economia política da globalização. 4ª ed. Rio de Janeiro: Vozes, 1997.

DARWIN, Charles. A origem das espécies. São Paulo: Martin Claret, 2005.

EARLE, Joe; MORAN, Cahal; WARD-PERKINS, Zach. The Econocracy: The Perils of Leaving Economics to the Experts. Manchester University Press, 2016.

FONSECA, Eduardo Giannetti da. Vícios privados, benefícios públicos? A ética na riqueza das nações. São Paulo: Companhia das Letras, 1993.

FUMAGALLI, Andrea; MEZZADRA, Sandro (Orgs). A crise da economia global: mercados financeiros, lutas sociais e novos cenários políticos. Rio de Janeiro: Civilização Brasileira, 2011.

GALEANO, Eduardo. As veias abertas da América Latina. Porto Alegre: L&PM, 2019.

GOFF, Jacques Le. A idade Média e o dinheiro: ensaio de antropologia histórica. 3ª ed. Rio de Janeiro: Civilização Brasileira, 2015.

HARVEY, David. O novo imperialismo. 3ª ed. São Paulo: Edições Loyola, 2004.

HEGEL, Georg Wilhelm Friedrich. Filosofia da história. 2ª ed. Brasília: Editora Universidade de Brasília, 2008.

_____. Princípios da filosofia do direito. São Paulo: Martins Fontes, 1997. (Clássicos)

HIRSCHMAN, Albert O. As paixões e os interesses: argumentos políticos a favor do capitalismo antes do seu triunfo. Rio de Janeiro: Record, 2002.

HOBSBAWM, Eric. A era dos impérios. 7ª ed. Rio de janeiro: Paz e Terra, 2002.

_____. Era dos extremos: o breve século XX - 1914-1991. São Paulo: Companhia das Letras, 1995.

KOCH-GONZALEZ, Jerry; RAU, Ted J. Muitas vozes uma canção: autogestão por meio da sociocracia. Curitiba: Voo, 2019.

LEFEBVRE, Henri. A re-produção das relações de produção. Porto: Publicações Escorpião, 1973. (Cadernos O homem e a sociedade).

MARCUSE, Herbert. Razão e revolução: Hegel e o advento da teoria social. 5ª ed. São Paulo: Paz e Terra, 2004.

MARX, Karl; ENGELS, Friedrich. Manifesto do partido comunista. São Paulo: Boitempo, 2010.

MARX, Karl. Manuscritos econômicos-filosóficos. São Paulo: Boitempo, 2008.

_____. Contribuição à crítica da economia política. 2ª ed. São Paulo: Editora Expressão Popular, 2008a.

_____. Sobre a questão judaica. São Paulo: Boitempo, 2010a. (Coleção Marx-Engels)

_____. Crítica da filosofia do direito de Hegel. 2ª ed. São Paulo: Boitempo, 2010b.

_____. O Capital: crítica da economia política. Livro I: o processo de produção do capital. 2ª ed. São Paulo: Boitempo, 2017.

ROTHSCHILD, Emma. Sentimentos econômicos: Adam Smith, Condorcet e o Iluminismo. Rio de Janeiro: Record, 2003.

SANDEL, Michael J A tirania do mérito: o que aconteceu com o bem comum? São Paulo: Editora José Olympio, 2020.

SASSEN, Saskia. Expulsões. Rio de Janeiro, 2016.

SMITH, Adam. A riqueza das nações: investigação sobre sua natureza e suas causas. Editora Nova Cultural: São Paulo, 1996.

_____. Teoria dos sentimentos morais: ensaio para uma análise dos princípios pelos quais os homens naturalmente julguem a conduta e o caráter, primeiro de seus próximos, depois de si mesmos. 2ª ed. São Paulo: Editora WMF Martins Fontes, 2015. Formato Kindle

WOOD, Ellen Meiksins. O império do capital. São Paulo: Boitempo, 2014.

ŽIŽEK, Slavoj. Primeiro como tragédia, depois como farsa. São Paulo: Boitempo, 2011.

_____. Problemas no paraíso. In: MARICATO, Ermínia et al. Cidades rebeldes: Passe Livre e as manifestações que tomaram as ruas do Brasil. São Paulo: Boitempo/Carta Maior, 2013.

_____. Vivendo no fim dos tempos. São Paulo: Boitempo, 2012.

www.ingramcontent.com/pod-product-compliance
Lightning Source LLC
Chambersburg PA
CBHW070426220526
45466CB00004B/1556